AF493676

LES SOCIÉTÉS ANGLAISES LIMITED

MANUEL PRATIQUE

VERSAILLES
CERF ET FILS, IMPRIMEURS
RUE DUPLESSIS, 59

LES SOCIÉTÉS ANGLAISES

LIMITED.

MANUEL PRATIQUE.

FORMATION, ADMINISTRATION ET LIQUIDATION
DES
COMPAGNIES A RESPONSABILITÉ LIMITÉE
ENREGISTRÉES EN ANGLETERRE
SOUS LE RÉGIME
DES
JOINT STOCK COMPANIES ACTS
1862 à 1885.

PAR

J. RAND BAILEY,

JURISCONSULTE ANGLAIS,
SOLICITOR PRÈS LA COUR SUPRÊME DE JUDICATURE D'ANGLETERRE,
SOLICITOR HONORAIRE ET MEMBRE DU CONSEIL DE L'ASSOCIATION POUR LA
RÉFORME ET LA CODIFICATION DU DROIT DES GENS,
AUTEUR DU « MANUEL PRATIQUE DE PROCÉDURE ANGLAISE ».

PARIS
IMPRIMERIE ET LIBRAIRIE GÉNÉRALE DE JURISPRUDENCE
MARCHAL ET BILLARD, IMPRIMEURS-ÉDITEURS,
LIBRAIRES DE LA COUR DE CASSATION
27, PLACE DAUPHINE, 27

1885

PRÉFACE

On peut affirmer avec certitude, qu'en France et dans les pays où on parle le français, le nombre des personnes qui ont souscrit à des actions de Compagnies formées et enregistrées en Angleterre, sous le régime de la législation anglaise, se nomme Légion.

Une statistique exacte ne pourrait en être dressée qu'en examinant les registres des membres de toutes les Compagnies incorporées depuis la promulgation de l'acte sur les *Joint Stock Companies* du Parlement anglais de 1862 ; mais, comme entre cette date et celle du 1er Janvier 1884, 21,599 Compagnies représentant un capital nominal de 2,571,723,184 livres sterling (64,293,079,600 francs) ont été enregistrées, il n'y a rien d'étonnant à ce que pareil travail soit impraticable.

Non-seulement il arrive souvent que des actions de Compagnies ayant un caractère exclusivement anglais sont entre les mains de personnes domiciliées hors d'Angleterre (comme le montre la liste de leurs actionnaires) mais, en raison de la facilité avec laquelle une Compagnie peut être enregistrée en Angleterre, quand même l'objet principal qu'elle a en vue est de se livrer à des opérations à l'étranger, de nombreuses Compagnies ayant un caractère anglo-français ou anglo-continental, ont été enregistrées en Angleterre, quoique presque toutes leurs actions aient été souscrites par des personnes qui demeurent hors du Royaume-Uni.

Si on examine les listes officielles qui ont été déposées par quelques-unes de ces Compagnies plus tard mises en liquidation, on sera étonné de voir combien est petit le nombre des actionnaires qui habitent l'Angleterre en comparaison de celui des actionnaires qui résident à l'étranger. Il suffira de donner les renseignements statistiques suivants, empruntés aux documents officiels, de quatre compagnies de cette catégorie, dont trois sont à ce moment en liquidation, et dont la quatrième a été liquidée, il y a déjà quelques années.

La dernière liste officielle d'actionnaires déposée par l'*Anglo-Universal Bank, Limited*, dont les bureaux étaient situés à Paris, Avenue de l'Opéra, nous montre que, sur 1,320 actionnaires, il n'y en avait que *trente-quatre* qui demeuraient en Angleterre et que les 1,286 autres habitaient tous la France, et principalement Paris.

L'*English and French Bank, Limited* avait 640 actionnaires, dont *vingt-quatre* en Angleterre, 610 en France, et 6 en Italie, Suisse, etc.

La *New Cicapra and Mercedes Mining Company, Limited*, comptait 784 actionnaires, dont *cent vingt-neuf* habitaient l'Angleterre, 643 la France (et presque exclusivement Paris et ses environs), et 12 d'autres pays.

L'*International Land Credit Company, Limited* (une des compagnies du groupe connu en Belgique sous le nom de Compagnies Langrand-Dumonceau et dans la liquidation desquelles l'auteur était engagé professionnellement) a été mise en liquidation il y a plusieurs années. Elle avait 5,583 actionnaires, dont *cent vingt-cinq* seulement domiciliés en Angleterre ; les 5,458 autres habitaient d'autres pays, les uns la France, mais la grande majorité, la Belgique.

La liste qu'on pourrait en donner serait considérablement plus longue, mais ce qu'on vient de voir suffit pour démontrer combien est juste et sérieusement basée l'assertion faite dans le premier paragraphe de cette préface; et pour justifier la remarque, qu'il est quelque peu étrange que jusqu'à présent (en tant que cela est à la connaissance de l'auteur et des éditeurs de cet ouvrage) il n'ait été publié en français aucun livre qui donne, sous une forme simple et à la portée de tous, des informations sur la Loi des *Joint Stock Companies* en Angleterre, sur leur mode de formation, d'administration et de liquidation.

Le principal Acte du Parlement qui a établi en

Angleterre le système d'enregistrement des Compagnies par actions à responsabilité limitée est celui de 1862.

Cet acte est un document très volumineux, dont la première moitié contient la loi et les règlements qui se rapportent à la constitution, à l'incorporation, au capital, aux actionnaires, et à l'administration des Compagnies et l'autre moitié se rapporte presque exclusivement à la liquidation des Compagnies. La lecture en est nécessairement compliquée et difficile, et il n'y a que ceux qui s'occupent de la législation et de l'administration des Compagnies et qui font leur profession de cette spécialité, qui peuvent bien la comprendre dans tous ses différents détails.

Mais ces Actes du Parlement ne font guère que tracer pour ainsi dire les lignes du système de la jurisprudence anglaise sur les *Joint Stock Companies*. Le régime actuel d'après lequel sont réglés les droits et les recours des actionnaires, des administrateurs, et des créanciers, on ne le trouve réellement que dans les décisions basées sur ces Actes et rendues par les Cours sur les innombrables cas sur lesquels les juges ont prononcé des arrêts, et qui par suite constituent des précédents [1].

Par conséquent, en donnant simplement une

[1] L'avocat H. Burton Buckley (une des autorités du barreau anglais sur cette matière), dans son ouvrage « *The Law and Practice under the Companies Acts* », cite plus de trois mille décisions

traduction ou un commentaire des Actes eux-mêmes, on ferait une œuvre inutile; et tout travail, pour avoir une valeur réelle, doit présenter la loi et la pratique telles qu'elles sont, sur la base de ces Actes, mais d'après les décisions des Tribunaux.

Préparer un abrégé de la loi sur les Compagnies à l'usage des Anglais qui déjà connaissent au moins quelque chose de la législation et de la procédure anglaise, n'est pas en soi une tâche facile, et, naturellement, cette tâche doit être encore plus ardue quand il s'agit de préparer un manuel dans un autre langage, pour un public dont la loi et la pratique, ainsi que les rouages de l'organisme juridique constituent tant de différence entre ce qui se fait en Angleterre et en France.

Si ce n'était que l'auteur, durant une longue pratique à Londres, a acquis une expérience considérable, en ce qui concerne la formation, aussi bien que le fonctionnement et la liquidation des *Joint Stock Companies*, et qu'il a été engagé maintefois comme légiste dans la liquidation de Compagnies qui, quoique enregistrées en Angleterre, avaient leurs affaires sur le Continent, il ne se serait pas hasardé à tenter ce travail; et certainement, s'il en avait prévu les difficultés, il aurait renoncé à la tâche plutôt que de s'y aventurer.

des tribunaux d'Angleterre établissant des précédents. Cet excellente œuvre est vivement recommandée aux juristes français qui voudraient étudier à fond la loi anglaise sur la matière.

L'auteur n'ignore point que de nombreux anglicismes émaillent ce livre, mais la jurisprudence et la procédure anglaise et française, aussi bien que leur langage usuel, diffèrent tellement, qu'il était impossible en beaucoup de cas de trouver des équivalents pour des expressions employées journellement dans les tribunaux, dans les comptes-rendus de procès, dans les journaux et pour ainsi dire dans le monde des *Joint Stock Companies* en Angleterre ; et il a été forcé de s'en tenir à l'anglais de ses expressions et au langage des Actes du Parlement anglais.

En agissant autrement, il aurait été forcé d'introduire des termes qui auraient rendu peut-être les explications un peu plus intelligibles pour les lecteurs français; mais, d'un autre côté, la traduction de ces mêmes termes en anglais aurait certainement abouti à ce qu'on fît confusion, si un lecteur français s'était trouvé dans la nécessité de consulter un juriste anglais ou de compulser un Acte du Parlement ou un livre de droit anglais sur un point qui se rapporte aux *Joint Stock Companies*.

Il est pourtant impossible dans un ouvrage aussi peu volumineux, non pas d'embrasser, mais même d'effleurer superficiellement beaucoup de questions intéressantes qui se présentent. C'est pourquoi, tout en fournissant une grande quantité d'informations générales, l'auteur a spécialement dirigé un nombre considérable de ces explications sur les points qui affectent et qui intéressent de la façon la plus importante ceux qui, demeurant hors du Royaume-Uni, ont des intérêts engagés dans les Compagnies formées sous le régime de la législation anglaise.

Il espère que son petit livre pourra être utile au moins à quelques-unes de ces personnes ; et aussi que, dans l'impossibilité de consulter les ouvrages de droit anglais (à la fois très nombreux et très volumineux), qui contiennent le texte des Actes et les décisions des Cours, l'homme de loi, appelé à l'improviste à donner ses conseils, trouvera que ce Manuel est, pour le moment du moins, un guide suffisant pour indiquer la ligne à suivre et les mesures les plus urgentes à adopter.

C'est à ces nombreuses personnes que l'auteur dédie ce « Manuel », persuadé qu'elles lui accorderont le même accueil bienveillant avec lequel le public français a reçu son premier ouvrage le « Manuel pratique de procédure anglaise ».

7, RUE VIGNON,
PLACE DE LA MADELEINE, PARIS.
JANVIER 1885.

Si on se reporte à la page XIII *on y verra le sommaire des chapitres et à la page 141 la liste des formules, etc. dans l'appendice.*

La table alphabétique des matières qu'on trouvera à la fin du livre page 207 contient non-seulement les indications d'usage mais donne des définitions des mots anglais employés; par exemple : LIQUIDATION, REGISTRAR, SOLICITOR, *etc., etc.*

SOMMAIRE

Voir page 141.

LA LISTE DES FORMULES ET AUTRES DOCUMENTS CONTENUS DANS L'APPENDICE.

Voir page 207.

LA TABLE ALPHABÉTIQUE DES MATIÈRES ET GLOSSAIRE.

CHAPITRE I

« JOINT STOCK COMPANIES » EN ANGLETERRE. — DIFFÉRENTES SORTES DE COMPAGNIES ANGLAISES.

NÉCESSITÉ D'UN ACTE SPÉCIAL DU PARLEMENT QUAND IL S'AGIT DE POUVOIRS COMPULSIFS. — COMPAGNIES INCORPORÉES PAR CHARTE. — LOIS SUR LES JOINT STOCK COMPANIES DE 1862 A 1883. — DIFFÉRENCES ENTRE LA CONSTITUTION D'UNE SOCIÉTÉ ANONYME EN FRANCE ET CELLE D'UNE COMPAGNIE *Limited* EN ANGLETERRE.

En Angleterre, il y a plusieurs manières d'incorporer les Sociétés qu'on appelle « Joint Stock Companies » c'est-à-dire Compagnies par actions. Ce titre étant employé dans toute la législation anglaise sur la matière, il a semblé préférable, dans cet ouvrage, de faire usage de l'expression « Joint Stock Companies », ou « Compagnies », au lieu du mot « Sociétés ».

Si, par exemple, on se propose de construire une ligne

de chemin de fer, ou bien, si on veut creuser un port, ou exécuter des travaux publics, ce qui nécessiterait des pouvoirs compulsifs pour acheter des terrains, ou pour affecter les droits des propriétaires ou la perception des impôts, etc., il est nécessaire de demander au Parlement de passer une loi spéciale à cet effet; loi, qui, si elle passe, limite la responsabilité des actionnaires au montant des actions qu'ils prennent.

La Couronne a aussi le droit d'accorder des Chartes d'incorporation; mais elles sont seulement accordées à des Corps municipaux, ou à des Sociétés établies par donations ou souscriptions dans un but scientifique, ou dans un but de développement intellectuel.

Il existe aussi beaucoup de banques, de compagnies d'assurance et d'autres compagnies formées d'après des lois en vigueur avant que la loi des Joint Stock Companies de 1862 ne fonctionnât.

La loi de 1862 sur les Joint Stock Companies est le point de départ de la législation actuelle du Royaume-Uni, d'après laquelle sont formées et enregistrées toutes les nouvelles Compagnies à responsabilité limitée qui n'exigent pas des pouvoirs compulsifs et spéciaux que, seul, le Parlement peut accorder.

Cette loi a établi la manière et le système de formation et d'enregistrement de trois différentes sortes de nouvelles compagnies, qui sont :

1° Les Compagnies par actions à responsabilité limitée ;

2° Les Compagnies par garantie à responsabilité limitée ;

3° Les Compagnies à responsabilité illimitée.

En même temps, la loi pourvoit en faveur de toutes

les Compagnies déjà existantes au besoin qu'elles peuvent avoir de se constituer comme Compagnies à responsabilité limitée.

Les Compagnies mentionnées ci-dessus sous les numéros 2 et 3 sont assez rarement enregistrées, et offrent peu d'intérêt pour les personnes qui habitent l'étranger.

Ce livre, par conséquent, traitera *seulement* de la formation et du fonctionnement des nouvelles Compagnies par actions à responsabilité limitée.

La loi de 1862, quoique amplifiée et complétée par d'autres lois, n'est changée en rien au point de vue des formalités qu'il est nécessaire de remplir pour obtenir l'enregistrement d'une Compagnie ; et les lois qui ont été passées après celle-là, n'altèrent point au fond la procédure à suivre, par les Compagnies, dans les différentes phases de leur existence, mais donnent des pouvoirs et règlements additionnels.

Voici la liste des différentes lois relatives aux Joint Stock Companies, qui, concordant avec la loi originale de 1862, sont comprises sous le titre général de « Lois » de 1862 à 1883 sur les Joint Stock Companies ».

Loi sur les sceaux des Compagnies, 1864, 27e année du règne de Victoria, chapitre XIX.

Loi sur les Compagnies, 1867, 30e et 31e années du règne de Victoria, chapitre CXXXI.

Loi pour faciliter les arrangements entre créanciers et actionnaires de Compagnies en liquidation, 1870. — 33e et 34e années du règne de Victoria, chapitre CIV.

Loi sur les Compagnies, 1877, 40e et 41e années du règne de Victoria, chapitre XXVI.

Loi sur les Compagnies, 1879, 42e et 43e années du règne de Victoria, chapitre LXXVI.

Loi sur les Compagnies, 1880, 43e année du règne de Victoria, chapitre XIX.

Loi sur les appointements et salaires des employés et ouvriers des Compagnies, 1883, 46e et 47e années du règne de Victoria, chapitre XXVIII.

Loi sur les Registres coloniaux des Compagnies, 1883, 46e et 47e années du règne de Victoria, chapitre XXX.

Il y a aussi trois Actes du Parlement passés en 1871, 1872 et 1873 et qui n'ont trait qu'aux Compagnies d'assurances sur la vie, formées aussi bien avant qu'après la promulgation de la loi sur les Compagnies.

Toutes ces Compagnies sont, en ce qui concerne leur liquidation, placées dans les mêmes conditions que les Compagnies ordinaires ; mais il est fait des conditions spéciales au sujet de la manière d'évaluer les Annuités et les Polices.

Les parties de ces trois Actes qui ne traitent pas de la liquidation contiennent des règlements sur l'administration de ces Compagnies, et s'il fallait entrer dans des explications sur ce sujet, on entraînerait le lecteur bien loin des lois sur les Joint Stock Companies limited, qui est un champ bien assez étendu par lui-même.

La liste qui vient d'être énumérée des Actes du Parlement relatifs aux Joint Stock Companies embrasse tous ceux qui sont actuellement en vigueur et qui ont trait aux Compagnies par actions à responsabilité limitée.

Le lecteur voudra bien comprendre que les explications qu'il trouvera dans les pages suivantes sont celles de la loi et de la pratique telles qu'elles existent avec toutes les modifications et additions apportées par tous ces Actes.

La loi de 1862 est un document extrêmement volumineux, qui, outre de nombreux modèles, des formules et des cédules, ne contient pas moins de 212 clauses. Sur ces 212 clauses, il y en a 16 qui sont consacrées aux stipulations relatives à la constitution des Compagnies ; 17 ont trait à la distribution du capital, 36 à l'administration et à la direction des Compagnies, et juste 100 (c'est-à-dire presque la moitié de la loi) à la liquidation et à la dissolution des Compagnies.

Toutes les clauses qui viennent ensuite sont relatives à l'établissement du bureau d'enregistrement, et quelques-unes portent sur l'enregistrement des Compagnies existantes non-enregistrées; les autres n'ont qu'un caractère de formalité technique.

Les mesures qu'entraîne l'enregistrement d'une compagnie en Angleterre, d'après les lois que nous avons citées, diffèrent nécessairement (comme du reste, toutes les questions de procédure anglaise et française le font entre elles), des formalités à remplir pour la constitution d'une société en France.

Mais ce n'est pas seulement dans le mode de formation que consiste cette différence. Il est des points beaucoup plus importants encore et dont il faut tenir compte et ce sont les mesures légales nécessaires pour assurer l'incorporation, et comme conséquence les droits que cette incorporation donne au point de vue de la loi.

La société qui, d'après la législation française, se rapproche le plus de la Compagnie Anglaise Limited, est la Société Anonyme, et le lecteur français verra vite, d'après les explications suivantes, quelle énorme erreur ce serait que d'appliquer à une compagnie anglaise les principes et les règlements quant aux droits et aux obligations du régime des sociétés françaises en ce qui touche l'état légal de la Compagnie anglaise et spécialement en ce qui regarde la souscription du capital, les versements sur les actions, et les droits des actionnaires.

En France, la première chose à faire, pour former une Société anonyme, est de rédiger un acte sous seing privé, ou de passer chez un notaire un acte de Société contenant les statuts de la Compagnie qu'on se propose de créer, avec la déclaration que le désir de telles et telles personnes qui se proposent de constituer cette Compagnie, et qui sont au nombre de sept au moins, est de former une Compagnie qui portera tel ou tel nom.

Cette déclaration est accompagnée d'une liste des souscripteurs d'actions, et, d'après la loi française, le montant de ces actions ne doit pas être de moins de cent francs, quand le capital ne dépasse pas 200,000 francs, ou de moins de cinq cents francs, lorsque le capital est supérieur à 200,000 francs.

Cette Compagnie ou Société (car les deux mots sont synonymes en France) qu'on se propose de former, n'est constituée que lorsque les délibérations requises par la loi française pour l'examen et l'approbation, des apports, ont eu lieu, et qu'en outre le capital a été complètement souscrit et que le quart de la valeur nominale de chaque action a été versé ; tout cela doit être certifié par acte notarié, et c'est alors seulement que la Compagnie devient un corps constitué, et que les souscripteurs d'actions peuvent vendre ou transférer leurs titres qui sont obligatoirement, comme on l'a vu, libérés de 25 0/0 de leur montant.

En Angleterre, la seule chose qui soit requise pour procurer l'incorporation d'une Compagnie, c'est le dépôt entre les mains du Registrar des Joint Stock Companies, d'un document appelé le « Mémorandum d'Association ». Ce document est rempli et signé par au moins sept personnes qui déterminent le capital nominal dont on aura besoin pour l'entreprise ; mais comme il n'y a pas de restriction légale en ce qui touche le montant minimum que doivent représenter les actions, ces sept personnes fixent et le nombre et la valeur des actions, qui est aussi élevée ou aussi minime qu'elles le veulent.

Bien loin d'exiger que le capital social soit complètement souscrit et que cela soit officiellement prouvé avant que la Compagnie ne soit incorporée, *la seule chose, que la loi anglaise demande,* est que *les sept personnes qui fondent la Compagnie souscrivent chacune une action,* et il *n'est même pas besoin que le montant de cette action soit versé avant l'incorporation de la Compagnie.*

Quand un Mémorandum d'Association, dûment signé et timbré (comme cela sera expliqué, chap. III) a été déposé au bureau des Joint Stock Companies, le Registrar, s'il a trouvé que ce document est en règle, donne un certificat qui est, par le fait, l'acte d'incorporation de la Compagnie.

Par conséquent, il ne s'agit plus, comme en France, *d'avoir le capital social complètement souscrit et d'en avoir le premier quart versé,* pour qu'une Compagnie soit constituée et que ses titres puissent être l'objet de négociations. Tout au contraire, *à l'exception des actions prises par les fondateurs de la Compagnie anglaise,* il n'*y a pas une seule action de souscrite et, par conséquent, de répartie au moment où l'incorporation de la Compagnie vient d'avoir lieu, et il n'en est pas une, sur laquelle ait été effectué le moindre versement.* C'est aux premiers administrateurs de déterminer la manière de faire appel au public pour souscrire ces actions, ainsi que les époques des versements et des appels de fonds.

En France, les actions que désirent acheter les personnes autres que les premiers souscripteurs, sont, par le fait, des actions mises en vente par ces premiers souscripteurs, qui les transfèrent aux acheteurs à un prix déterminé, mais toujours à la condition que ces titres ont été libérés du quart de leur valeur nominale.

En Angleterre, les actions que les Administrateurs d'une Compagnie veulent émettre sont *des actions originales, vierges de tout versement,* et cette différence importante ne doit pas être perdue de vue, quand on va voir plus loin les explications relatives à la souscription et à la répartition des actions, ainsi qu'aux droits des actionnaires. (Chapitre VII.)

Par ce seul fait que toutes les actions d'une Compagnie ont été souscrites et que le quart en a été versé, il est naturel qu'on donne au public une idée de la stabilité de la Compagnie. C'est pourquoi, pour être d'accord avec le régime de la législation française, et aussi avec les habitudes françaises, les promoteurs de beaucoup de compagnies enregistrées en Angleterre, mais ayant un caractère essentiellement anglo-français et destinées à fonctionner en France, ont rédigé leurs prospectus et les ont lancés en France pour offrir en vente leurs actions, faisant croire ainsi au public français que les actions de ces Compagnies avaient été primitivement souscrites, et que le quart de leur valeur nominale avait été effectivement versés.

Mais, plus tard, et trop tard, on s'est aperçu, comme dans le cas de l'*English and French Bank Limited*, actuellement en liquidation, et des Compagnies avortées de Lumière Electrique, qui, récemment, ont cherché à trouver leur capital en France, que la souscription primitive, à laquelle les promoteurs avaient voulu faire croire, et le versement obligatoire du quart sur chaque action, n'étaient qu'une transaction fictive, passée avec une institution établie sous les mêmes auspices que la Compagnie elle-même, mais que, réellement, il n'y avait que peu, ou point d'actions souscrites *bonâ fide* et libérées complètement, ou même partiellement.

CHAPITRE II

PRÉLIMINAIRES.

DES PROMOTEURS ET DE LEURS RESPONSABILITÉS. — DE LA PRÉPARATION DU CONTRAT PRÉLIMINAIRE. — DU PROSPECTUS.

En Angleterre, on donne le nom de « Promoteurs » aux gens qui entreprennent la formation d'une Compagnie pour la réalisation d'un projet ou l'exploitation d'une chose quelconque, et qui prennent les mesures nécessaires pour arriver à ce but.

Ce nom ne s'applique pas seulement à ceux qui font de la formation et du lancement des Compagnies leur profession, et qui, moyennant paiement d'une certaine somme ou d'une commission, se chargent d'établir une Compagnie et de faire toutes les démarches nécessaires pour procurer le capital; il s'applique à toutes les personnes qui coopèrent à la formation ou au lancement d'une Compagnie.

Les promoteurs doivent dire dans le prospectus, au public dont ils sollicitent les souscriptions, la vérité sur les apports faits à la Compagnie et sur les avantages qu'ils en doivent recevoir.

Il leur est interdit de se ménager un profit à l'insu de la Compagnie sur les apports qui lui sont faits, et si, grâce à un accord secret, les promoteurs le faisaient, ils seraient contraints, le jour où on s'en apercevrait, de restituer les sommes qu'ils auraient illicitement accaparées.

Comme le prospectus est rédigé par les promoteurs, ils sont responsables, ainsi que les Administrateurs dont les noms y figurent, de toutes les assertions qui s'y trouveraient, de même que de toute omission de faits matériels ; et tous les apports à faire à la Compagnie, et tous les contrats qui affectent la Compagnie, doivent être spécifiés dans ce prospectus.

Les promoteurs mentionneront aussi dans ce prospectus la manière dont il sera subvenu aux dépenses faites pour lancer la Compagnie, et tous les Articles d'Association spéciaux contiendront un pouvoir précis pour les Administrateurs de faire face aux paiements raisonnables à effectuer par la Compagnie.

Lancer une Compagnie quelque prospère qu'elle promette d'être, et procurer le capital qu'elle demande à la souscription, est souvent une affaire qui entraîne avec elle de grands risques de non réussite, et qui, en tout cas, est une cause de dépenses considérables, en impression, annonces, frais de poste, d'agence, de bureaux, de personnel, etc., et il n'est que juste que ceux qui entrent, comme le font les actionnaires, dans une entreprise susceptible de produire de grands bénéfices, récompensent les personnes, qui, au prix de beaucoup de travail et de risques, sont parvenues à établir la Compagnie et à en réunir le capital.

Les promoteurs, par conséquent, méritent d'être rémunérés libéralement sans devoir l'être toutefois d'une façon exagérée. Mais, quoi qu'on se propose de faire, il faut le faire de façon à éviter toute ambiguïté; et que cela soit bien clairement expliqué et connu. Il en résultera alors que pas un actionnaire ne pourra arguer de ceci ou de cela pour en faire un motif de plainte.

La première formalité à remplir est la préparation d'un contrat préliminaire entre le vendeur et un ou plusieurs des promoteurs, contenant toutes les conditions qu'on propose de faire adopter, par la Compagnie, après sa formation. On stipule dans ce contrat la proportion d'actions libérées que le vendeur recevra en représentation d'une partie du prix de ses apports, l'époque à laquelle la vente sera définitivement effectuée, et quand il y aura prise de possession de la part de la Compagnie, et on insère toutes les autres conditions demandées, par exemple, que le vendeur restera en relations avec la Compagnie comme gérant ou comme administrateur, tout au moins pendant un certain temps et jusqu'à ce que l'affaire soit bien établie sous les auspices de la Compagnie; qu'après l'adoption par la Compagnie du contrat préliminaire il s'engage à souscrire ou trouver souscripteurs à un certain nombre d'actions, etc., etc.

Le contrat indique aussi le montant du capital qu'on se propose de réunir, en même temps qu'on y donne tous les détails sur la propriété qu'on achète, et sur les conditions qui garantissent la validité du titre de la propriété; et on y stipule que ce contrat sera nul et sans valeur s'il n'est pas accepté dans un certain délai par la Compagnie qu'on se propose de fonder.

Ce contrat ne devient obligatoire pour la Compagnie qu'après qu'elle est arrivée à ce point où le Conseil d'administration, agissant en son nom, trouve que la Compagnie est en position d'entreprendre ce contrat et passe une résolution qui le confirme et l'adopte.

Le moment est opportun pour revenir ici brièvement sur les stipulations de la vingt-cinquième section de la loi de 1867, en ce qui touche les actions que le vendeur, d'après le contrat préliminaire, prend en paiement d'une partie de ses apports.

Cette clause dit que :

« Toute action de compagnie doit être considé-
» rée comme ayant été émise, à condition que le
» montant total qu'elle représente sera payé *en es-*
» *pèces*, à moins qu'il n'en ait été décidé autrement
» par un contrat dûment écrit et enregistré au Bureau
» des Joint Stock Companies lors de l'émission de
» ces actions, ou bien auparavant. »

Pour la protection des intérêts du vendeur, ces actions ne doivent pas être émises avant que le contrat n'ait été adopté et dûment complété par la Compagnie et enregistré comme il sera expliqué dans le chapitre V.

Nous allons passer maintenant au travail de la préparation du prospectus, qui, quoiqu'il ne doive être mis en circulation qu'après l'enregistrement de la Compagnie, doit être préparé de bonne heure, et, par le fait, en même temps que le contrat préliminaire, et le Mémorandum d'Association et les Articles d'Association, si on adopte des articles spéciaux. Toutes ces pièces doivent être bien en harmonie l'une avec l'autre, et en outre, il est nécessaire pour les promoteurs d'avoir le prospectus tout près, en vue d'exposer l'objet de la Compagnie aux personnes à qui on demandera de faire partie du Conseil d'administration.

En déterminant le capital nominal, le nombre et le montant des actions, on prendra soin que tout s'accorde bien avec le Mémorandum d'Association; que les versements à effectuer, lors de la répartition et les appels de fonds à faire soient bien conformes aux Articles d'Association et qu'en établissant l'objet pour lequel la Compagnie a été établie, on n'aille pas au-delà de la définition de l'objet de la Compagnie, tel qu'il est détaillé dans le Mémorandum d'Association.

Il faut que le prospectus soit strictement conforme à la réalité des faits et ne contienne rien de contraire à la bonne foi; en outre, il ne renfermera ni allégation de faits que les promoteurs ne savent pas être corrects, ni phrases faisant valoir des avantages ou des résultats qu'ils ne croient pas être véridiques, qu'ils ne se croient pas être en droit d'avancer. L'exagération seulement, ou le fait de voir tout en rose, et de prévoir de grands bénéfices, ou bien encore, l'emploi d'expressions enthousiastes à propos de l'espoir qu'on a de réussir, ne constitue pourtant pas le délit de fausses allégations ou de manœuvres qui pourrait plus tard autoriser un actionnaire à résilier le contrat par lequel il s'engageait à prendre des actions.

Mais, si dans le prospectus il y avait des allégations de faits matériels, que les promoteurs et les personnes qui l'ont lancé, savaient pertinemment être fausses, ou si les promoteurs et les administrateurs provisoires faisaient des assertions relatives à des probabilités de succès dans lesquelles ils n'auraient eux-mêmes aucune confiance, et s'ils avaient dissimulé d'une façon injustifiable certains faits à leur connaissance, ils s'exposeraient à devoir rembourser l'argent aux souscripteurs; et toute assertion frauduleuse ou toute dissimulation de faits peut donner lieu également à des poursuites criminelles contre les personnes qui s'en sont rendues coupables.

Une chose de la plus grande importance à laquelle il faut prendre garde dans le prospectus, c'est de se conformer aux conditions de la clause 38 de la loi de 1867 ainsi conçue :

« Tout prospectus d'une Compagnie, tout avis au » public invitant des personnes à souscrire des ac- » tions, spécifiera les dates de signature, ainsi que les » noms des signataires de tous contrats passés par la » Compagnie, les promoteurs, les administrateurs, ou » autres fonctionnaires de la Compagnie, avant l'émis- » sion de ce prospectus ou de cet avis, qu'il soit ou non » sujet à être adopté par la Compagnie ; et tout pros- » pectus, ou avis au public constituerait une manœuvre » frauduleuse de la part des promoteurs, administra- » teurs et fonctionnaires de la Compagnie, s'ils l'émet- » taient de façon à ce que quelqu'un prît des actions, » sur la foi de ce prospectus ou de cet avis, sans avoir » connaissance de ces contrats. »

Il va sans dire que tous ces détails à l'égard du contrat préliminaire avec le vendeur doivent être spécifiés ; et pour juger si d'autres contrats rentrent dans la catégorie des choses qui doivent être spécifiées dans le prospectus, on n'a qu'à considérer s'ils sont de nature à influencer les personnes qui liraient ce prospectus et à les décider à prendre des actions ou à n'en pas prendre.

Mais il arrive souvent, que, lorsque une entreprise en plein fonctionnement et qui existe depuis longtemps se transforme en Compagnie, on se trouve en présence d'un grand nombre de contrats avec d'autres établissements ou avec différentes personnes pour des ventes ou des fournitures de marchandises ; ou bien, ces contrats sont relatifs à un personnel engagé pour un certain temps, etc., etc. Comme il serait, dans ce cas, absolument impossible de les énumérer tous, il est d'usage d'insérer dans le prospectus une mention « générale » de tous les contrats de ce genre, avec une mention « particulière » de tous ceux qui rentrent clairement dans la section des contrats à mentionner.

Si le prospectus n'est pas ce qu'il devrait être, s'il contient, par exemple, des représentations mensongères ou des assertions en désaccord avec le Mémorandum d'Association, les actionnaires qui ont été induits en erreur peuvent intenter des poursuites contre la Compagnie afin de se débarrasser de leurs actions, de rentrer dans leur argent, et de faire disparaître leurs noms de la liste des actionnaires.

En outre, comme les actionnaires peuvent, dans certains cas, intenter des poursuites contre les administrateurs ou d'autres personnes, pour allégations mensongères et frauduleuses, aucun homme de bon sens ne participera à l'émission d'un prospectus sur lequel il n'a pas été complètement édifié, et qu'il ne croit pas être en tous points conforme aux prescriptions de la loi.

Il est à désirer que le prospectus contienne l'engagement formel que, dans le cas où il ne serait pas fait de répartition, toutes les sommes versées sur demandes de souscription d'actions seront remboursées intégralement.

CHAPITRE III

LE MÉMORANDUM D'ASSOCIATION

INSTRUCTIONS POUR SA RÉDACTION, SA SIGNATURE ET SON ENREGISTREMENT.

Pour former une Compagnie incorporée sous le régime de la responsabilité limitée, il suffit que sept personnes au moins, associées dans un but légitime, signent comme souscripteurs, un Mémorandum d'Association, en se conformant aux prescriptions de la loi de 1862, relatives aux formalités d'enregistrement.

Le Mémorandum d'Association sera conforme au modèle annexé à la loi et dont on trouvera une copie en anglais, suivie de sa traduction en français, à l'appendice (page 142). Il doit être rédigé en termes clairs et précis et il renfermera les renseignements suivants :

1° Le nom de la Compagnie qu'on se propose de fonder, qui doit être suivi du mot « *limited* » qui correspond à l'expression française « à responsabilité limitée » ;

2° La partie du Royaume-Uni, c'est-à-dire l'Angleterre, l'Ecosse ou l'Irlande, où sera situé le siège social de la Compagnie ;

3° L'objet pour lequel la Compagnie se forme ;

4° Une déclaration que la responsabilité de chaque membre est limitée ;

5° Le montant du capital social, disant en combien d'actions il sera divisé, et indiquant le montant de chaque action.

La loi veut aussi :

1° Qu'aucun souscripteur du Mémorandum ne puisse prendre moins d'une action ;

2° Que chacun des souscripteurs inscrive en face de son nom le nombre d'actions qu'il souscrit.

Il n'est pas indispensable, pour que la Compagnie soit incorporée, d'enregistrer, en même temps que le Mémorandum d'Association, des Articles d'Associations quelconques (voir chap. IV) ; mais, s'il n'y a pas enregistrement d'Articles spéciaux, la Compagnie est régie par les règlements et les prescriptions de la table A annexée à la loi de 1862, et dont on trouvera le texte anglais suivi de sa traduction en français à l'appendice (page 144).

Que le Mémorandum d'Association soit enregistré avec ou sans « Articles spéciaux », il est important qu'il soit rédigé avec soin ; le Mémorandum, en effet, est la véritable base de la Compagnie, car une fois qu'une Compagnie est incorporée, on ne peut ni changer, ni étendre l'objet de la formation de la Compagnie tel qu'il a été défini dans le Mémorandum d'Association.

La meilleure manière d'envisager la préparation d'un Mémorandum d'Association, au point de vue de ce qu'il doit contenir, c'est de prendre en considération, dans l'ordre où elles sont placées, les prescriptions énoncées plus haut. Si on consulte le modèle (page 143), on verra la clause qui commence de la façon suivante :

« Nous, soussignés, dont les noms et adresses sont » ci-dessous, désirons nous former en Compagnie, dans » le but exprimé par ce Mémorandum d'Association et » nous consentons à souscrire sur le capital de la Com- » pagnie le nombre d'actions indiqué en face de nos » noms respectifs. »

Cette déclaration est suivie d'un tableau montrant comment doivent être apposées les signatures des souscripteurs et des témoins, ainsi que leurs professions ou qualités et leurs domiciles.

1° Examinons ce qui se rapporte au nom de la Compagnie. — Les promoteurs peuvent choisir pour la Compagnie qu'ils forment tel nom qui leur convient, à condition qu'il ne soit pas identique à celui d'une autre Compagnie déjà en existence, ou qu'il ne lui ressemble pas tellement qu'on puisse prendre l'une pour l'autre.

Le « Registrar » des Joint Stock Companies aurait, en effet, en pareil cas, le droit de refuser l'enregistrement, mais les promoteurs peuvent appeler de cette décision en s'adressant au *Board of Trade*. Il est aussi défendu de se servir du mot « Royal » comme qualificatif de la Compagnie.

Il est absolument indispensable que les noms des Compagnies enregistrées comme Compagnies à responsabilité limitée soient suivis du mot *limited* (limitée) qui indique que c'est une Compagnie qui n'engage les actionnaires que jusqu'à concurrence du montant impayé sur les actions qu'ils ont souscrites.

Il n'y a qu'un cas dans lequel on soit autorisé à se dispenser de faire suivre le nom de la Compagnie de l'adjectif *limited*, c'est quand la Compagnie est formée dans un but scientifique, philanthropique ou d'utilité publique, et non dans un but de profits à réaliser.

2° Nous allons entrer dans les détails de ce qui a trait au siège social de la Compagnie.

La loi a créé trois différents bureaux d'enregistrement de Compagnies dans le Royaume-Uni : le premier à Londres, pour l'Angleterre ; le second à Edimbourg, pour l'Ecosse ; le troisième à Dublin, pour l'Irlande. Il y a, en outre, un bureau d'enregistrement local dans l'ouest de l'Angleterre, pour les Compagnies d'exploitation de mines, dans le district qu'on appelle les *Stannaries*, c'est-à-dire, les mines d'étain.

Toute Compagnie incorporée sous le régime de cette loi doit avoir un siège social dans le Royaume-Uni où se font ses affaires et où se tiennent ses livres, registres, etc.

Si les fondateurs se proposent de fixer le siège social en Angleterre, le Mémorandum d'Association sera présenté au bureau des Joint Stock Companies de Londres, et si on obtient un Certificat d'incorporation, tous les autres documents quelconques se rapportant à la Compagnie seront déposés pour l'enregistrement entre les mains du Registrar au bureau des Joint Stock Companies pour l'Angleterre, à Somerset House, Strand, Londres.

S'il est décidé que le siège de la Compagnie sera en Ecosse ou en Irlande, le Mémorandum d'Association sera présenté à Edimbourg ou à Dublin, et si on obtient un Certificat d'incorporation, tous les autres documents quelconques ayant trait à la Compagnie et qui auront besoin de passer subséquemment par les formalités officielles, seront enregistrés au bureau des Joint Stock Companies d'Ecosse ou d'Irlande, qui aura accordé le Certificat d'incorporation.

De toutes les Compagnies enregistrées dans le Royaume-Uni, celles qui ont leur siège social en Angleterre sont les plus nombreuses, et on peut bien dire que presque toutes les Compagnies qui se forment sous le régime de la loi anglaise, avec l'intention de faire des affaires à l'étranger, et toutes les Compagnies anglo-continentales, établissent leur siège social à Londres. Si donc une Compagnie veut avoir son siège social à Londres, c'est à Somerset House, Strand, Londres, qu'on adressera la demande d'incorporation, c'est là que s'accorde le Certificat d'incorporation et c'est là que s'enregistrent tous les documents quels qu'ils soient qui intéressent la Compagnie.

Il convient ici de dire que dans chaque bureau d'enregistrement de Compagnies on trouve des catalogues alphabétiques de toutes les Compagnies enregistrées et que chacun peut consulter sans avoir rien à payer. Puis, après avoir rempli un bulletin sur lequel on met son nom et son adresse, on peut, pour un shilling, examiner le dossier de la Compagnie sur laquelle on désire des renseignements et se procurer copie de tel ou tel document ou d'une partie du document qu'on veut obtenir, moyennant paiement, d'après un tarif modéré.

3° Passons à l'objet de la formation de la Compagnie. On ne saurait trop insister auprès des personnes qui sont sur le point d'enregistrer une Compagnie, pour leur faire comprendre que lorsqu'une Compagnie a été incorporée, la définition de l'objet pour lequel elle se forme, insérée dans le Mémorandum enregistré ne peut être en rien changée ou étendue, et qu'il est impossible de rien y ajouter. Aucune clause des Articles d'Association ne saurait y introduire la moindre modification, et cela, quand même on serait sûr d'obtenir l'autorisation de tous les actionnaires ; pareil acte serait illégal, parce que ce serait outrepasser les pouvoirs accordés par la loi ; et les administrateurs qui adopteraient une semblable mesure engageraient par là leur responsabilité personnelle.

On prendra le plus grand soin, en préparant cette clause, non seulement de rédiger avec clarté la définition de l'objet immédiat pour lequel la Compagnie est formée, mais aussi d'y ajouter des pouvoirs même assez étendus pour embrasser, en cas d'éventualités dans l'avenir, un plus vaste champ d'opérations. Le langage employé à cet effet aura donc un caractère de définition précise, et ne sera ni vague, ni général, ce qui pourrait donner lieu à des ambiguïtés.

On comprendra mieux l'importance de tout ceci quand on saura qu'à moins d'en avoir la faculté, en vertu d'une clause de son Mémorandum d'Association, aucune Compagnie ne peut acheter, ni la suite des affaires d'une Compagnie similaire, ou des actions d'aucune Compagnie, ni fusionner avec une autre Compagnie.

Faute d'avoir pris ces précautions, on s'est vu dans la nécessité, quelquefois, de reconstruire sur de nouvelles bases une Compagnie en pleine prospérité, chose que, naturellement, il faut éviter autant que possible, à cause des dépenses et des inconvénients auxquels cela donne lieu.

La définition de l'objet qu'on a en vue se terminera par les mots textuels dont il est fait usage à la fin du paragraphe 3 de la formule, page 142.

Le fait que le théâtre des opérations d'une Compagnie sera dans d'autres pays, n'est point un obstacle à sa constitution sous le régime des lois des Joint Stock Companies d'Angleterre. Mais la définition de l'objet de la Compagnie doit être assez étendue dans ce sens et la Compagnie doit avoir en vue une sorte d'administration, ou d'exploitation dans le Royaume-Uni.

Cette règle a été établie par ordre de la Chambre des Lords, la plus haute Cour d'appel d'Angleterre, dans un procès très important de la Princesse de Reuss contre Bos, etc., dans lequel l'auteur de ce livre était professionnellement engagé.

4° Vient en quatrième lieu la déclaration que la responsabilité des actionnaires est *limited*. Il va de soi que cette déclaration sera formulée ; et aucune personne, parmi les signataires du Mémorandum d'Association, ou parmi les gens qui plus tard deviennent actionnaires, n'aura à payer plus que le montant impayé sur les actions qu'elle a souscrites, ou qu'elle possède.

5° Cinquièmement et finalement, nous arrivons au capital. C'est aux fondateurs de la Compagnie et aux souscripteurs du Mémorandum d'Association qu'il appartient de fixer, et le chiffre du capital nominal, et le nombre et la valeur nominale des actions qui représentent ce capital. La grandeur du capital qu'on cherche à réunir dépend nécessairement de la nature et de l'étendue des opérations qu'on se propose ; et la somme mentionnée, c'est-à-dire le capital nominal, en représentera le montant en espèces ainsi que le nombre d'actions que la Compagnie est autorisée à émettre ; le capital réel dépendant, comme de juste, de ce que produira la souscription publique.

Il n'y a pas de chiffre fixe pour le montant que représentera chaque action ; aucune loi n'exige que les actions soient forcément de telle ou telle valeur, comme cela se pratique dans certains pays. En Angleterre, les actions pourraient être aussi bien de 500 francs que de 5,000 francs, ou bien, tout au contraire, de 5 francs seulement.

Arrivé à ce point, il ne reste plus qu'à écrire ou à imprimer le Mémorandum sur un papier d'un certain format et à le faire signer, en présence d'un ou de plusieurs témoins, par sept personnes au moins, qui prennent chacune, comme nous l'avons dit, au moins une action.

Toute personne, qui est *sui juris,* peut donner sa signature, et, par ce fait seul, s'engage à payer en espèces le montant intégral des actions indiquées en face de son nom. Il a été décidé qu'une maison de commerce ou une Compagnie ou toute autre corporation, autorisée par ses règlements à souscrire des actions, peut être considérée comme l'un des sept souscripteurs, si son nom est apposé sur le Mémorandum par quelqu'un agissant comme son fondé de pouvoirs, régulièrement autorisé à donner cette signature.

Un Mémorandum d'Association est valablement signé

quand même les signataires sont tous étrangers, et résident tous à l'étranger.

Chaque signataire donnera son adresse exacte et complète, comprenant le nom de la rue et le numéro de la maison qu'il habite, accompagnée de sa profession ou qualité, faute de quoi, l'enregistrement du Mémorandum pourrait être refusé. Il inscrira aussi en toutes lettres, et non en chiffres, le nombre d'actions pour lequel il souscrit.

Le vendeur ne signe le Mémorandum d'Association ni pour les actions libérées qu'il a consenti à prendre en paiement de ses apports, ni pour d'autres actions. Il n'est en aucune manière affranchi de la responsabilité d'avoir à libérer toutes les actions pour lesquelles il signe le Mémorandum, et il ne lui est permis, comme vendeur, de prendre la position d'une des personnes constituant une Compagnie formée pour acheter ses apports, qu'après le contrat a été adopté par la Compagnie.

Les signatures sont données en présence d'au moins un témoin, qui, lui-même, appose sa signature au-dessous, en y ajoutant son adresse et sa profession ou qualité. Les signatures peuvent être apposées à différents moments et dans différents endroits, en présence des témoins qui attesteront par écrit qu'ils ont vu donner les signatures sur le document au bas duquel ils signent eux-mêmes.

Ces formalités ayant été accomplies, on appose un timbre de dix shillings sur le Mémorandum qui est revêtu aussi des timbres imprimés suffisants pour couvrir le montant des droits d'enregistrement *ad valorem*, conformément à la loi et aux règlements qu'on trouvera détaillés à la table des tarifs, pages 184, 185.

Il n'est pas nécessaire que le Mémorandum d'Association soit signé en double, mais avant d'en déposer l'original au bureau des Joint Stock Companies, on en prend une copie exacte, contenant les noms de chaque souscripteur, exactement tels qu'ils sont écrits ; on l'examine attentivement et on fait tirer des exemplaires imprimés pour l'usage des membres de la Compagnie dont chacun a droit à un de ces exemplaires, moyennant paiement d'un shilling, ou de moins, selon que la Compagnie l'aura décidé.

Si alors on désire enregistrer la Compagnie sans Articles d'Association spéciaux, on laisse l'original du Mémorandum d'Association au bureau d'enregistrement des Joint Stock Companies, à Somerset House, à Londres, et le lendemain, si le Registrar a trouvé que tout est régulier, le certificat d'incorporation peut être obtenu, et les souscripteurs signataires du Mémorandum d'Association, par ce fait seul, forment une Société incorporée sous le nom inscrit en tête du Mémorandum d'Association.

La Compagnie étant ainsi enregistrée, tous ses signataires se trouvent liés par le Mémorandum d'Association comme si chacun avait signé un acte solennel par lequel il se serait engagé à observer toutes les clauses du Mémorandum d'Association et de la table A, en se conformant aux prescriptions de la loi.

Le Mémorandum d'Association, en ce qui touche le capital ou les actions, peut être modifié par résolution spéciale ; et, avec le consentement du *Board of Trade,* une Compagnie peut changer de nom ; mais aucune autre partie d'un Mémorandum d'Association ne peut être ni modifiée ni changée.

CHAPITRE IV

LES ARTICLES D'ASSOCIATION

MODÈLE ANNEXÉ A LA LOI DE 1862. — FACULTÉ D'INTRODUIRE DES CHANGEMENTS OU D'ADOPTER DE NOUVEAUX ARTICLES. — POINTS SPÉCIAUX DANS LE CAS OU LA COMPAGNIE ENTREPRENDRAIT DES AFFAIRES A L'ÉTRANGER. — RÉDACTION DES ARTICLES ET LEUR ENREGISTREMENT.

Ainsi que nous l'avons dit dans le chapitre précédent, il n'est pas absolument nécessaire, pour que l'incorporation d'une Compagnie ait lieu, qu'un Mémorandum d'Association soit accompagné d'Articles d'Association spéciaux, mais, dans ce cas, les clauses de la table A, (qui se trouve pages 144 et 145 à 182-183), seront considérées comme devant servir de règlements, que la Compagnie observera tout comme s'ils lui avaient été imposés par des Articles d'Association spéciaux enregistrés avec le Mémorandum.

Par le fait, les Articles d'Association sont en Angleterre ce que sont en France les « statuts » d'une Compagnie ou un « acte de Société » ; mais, comme en Angleterre le mot « Statuts » en langage légal, s'applique spécialement aux Actes du Parlement, il a semblé préférable de s'en tenir aux mots « Articles d'Association » pour désigner sans équivoque possible les règlements d'une Compagnie.

Telle qu'elle a été publiée en 1862, cette table, qui sert de modèle aux règlements des Compagnies, n'est pas adaptée à tous les besoins des nombreuses Compagnies qui se fondent et aux circonstances dans lesquelles elles ont été formées.

Il y existe en effet des lacunes et des omissions, comme, par exemple, celles des clauses relatives à la faculté de créer et d'émettre des actions au porteur, d'avoir et de pouvoir faire valoir tous droits de saisie ou d'hypothèque, de conférer aux administrateurs des pouvoirs pour contracter des emprunts sans avoir besoin de demander l'autorisation de leurs actionnaires, etc., etc.

La section 50 de la loi de 1862 autorise toute Compagnie, formée sous le régime de cette loi, à changer ses règlements ou à en adopter de nouveaux; par conséquent, si les règlements de la table A sont reconnus insuffisants, une Compagnie peut convoquer ses actionnaires et modifier ces règlements par résolution spéciale prise en assemblée générale, et s'assurer, (mais dans la limite du cadre des opérations décrites dans le Mémorandum d'Association), soit pour elle, soit pour son conseil d'administration, les pouvoirs qui lui manquaient d'après les prescriptions de la table A. Toutes ces modifications auront force de loi comme si elles avaient fait partie des articles fondamentaux d'association, et elles pourront elles-mêmes disparaître ultérieurement, pour faire place à tels autres règlements qui pourraient être adoptés par résolution spéciale de la compagnie.

Mais, comme tout cela fait un assemblage de pièces et de morceaux qui ne peut amener que de la confusion, il vaut mieux de toute façon, lorsqu'il s'agit d'une Compagnie de quelque importance, en enregistrer le Mémorandum d'Association accompagné d'Articles d'Association spéciaux aussi complets que possible, rédigés avec soin et précision, et adaptés en vue de toutes les circonstances qui peuvent surgir, tant à cause de l'objet de la formation de la Compagnie, que des opérations auxquelles elle aura à se livrer dans les différents endroits où ce sera nécessaire. Cela devient encore plus indispensable quand il s'agit d'une Compagnie qui, quoique enregistrée en Angleterre, est réellement établie pour se livrer à des opérations à l'étranger.

En pareille circonstance, il est bon, dans la rédaction des articles spéciaux, de faire insérer un certain nombre de pouvoirs spéciaux, de prévoir, par des clauses, l'établissement d'un siège social à l'étranger, d'avoir des livres et des registres d'actionnaires en double, de faciliter les transferts d'actions à l'étranger aussi bien qu'en Angleterre, et de ménager la convocation d'assemblées d'actionnaires, au moins de temps en temps, hors du Royaume-Uni ; il est surtout d'importance, afin d'éviter les conflits, de définir nettement, de façon à ne pas les confondre, les devoirs du Conseil d'Administration qui reste en Angleterre et de celui qui siège à l'étranger, et les pouvoirs que chacun des Conseils d'Administration possède séparément, ou qui ne peuvent être exercés que par le Conseil d'Administration au complet.

Il est donc indispensable d'agir avec une extrême prudence; et ces Articles d'Association seront préparés et rédigés par un solicitor expérimenté et compétent. C'est à tort que certains promoteurs s'imaginent souvent qu'ils n'ont qu'à prendre un vieux Mémorandum de Compagnie quelconque, avec ses Articles d'Association et à le remanier pour s'en servir, quoique ce code soit inapplicable et impraticable.

En tout cas, la table A sert de modèle sous bien des rapports, et presque tous les articles spéciaux en adoptent la plupart des clauses avec plus ou moins de changements. Il est de l'intérêt de toute personne intéressée dans une affaire de promotion de Compagnie d'examiner cette table ou sa traduction, et de se rendre compte du genre de règlements adopté et de leur caractère ainsi que de l'esprit dans lequel les choses y sont embrassées et envisagées, et de déterminer les changements qui demandent à y être introduits pour adapter ces règlements aux circonstances, aux besoins et aux exigences de l'entreprise pour laquelle cette Compagnie se crée.

La personne chargée de rédiger les Articles a besoin d'avoir les renseignements les plus complets, les plus minutieux sur la propriété, la concession ou l'affaire quelconque qui est l'objet du contrat d'achat de la part de la Compagnie qu'on se propose de former, et cela surtout si la Compagnie a un caractère anglo-étranger et est destinée à donner lieu à des transactions et à des opérations à l'étranger, car s'il en est ainsi, il est essentiel d'adopter tous les pouvoirs spéciaux, toutes les conditions spéciales, de façon à ce que tout soit parfaitement d'accord et coordonné avec la loi anglaise et aussi avec la loi du pays dans lequel la Compagnie se propose de fonctionner.

Une Compagnie de ce genre réserve toujours dans ses articles un pouvoir spécial à l'effet de faire usage d'un sceau à l'étranger, conformément à l'acte des sceaux étrangers (voir page 190), pouvoir qui en même temps qu'il met une Compagnie à même de se servir de ce sceau, lui indique jusqu'à quel point et dans quelles limites il lui est loisible et permis de s'en servir.

Une loi a été promulguée en 1883 autorisant les Compagnies enregistrées sous le régime de la loi de 1862 à tenir dans les colonies britanniques des registres locaux de membres (voir page 192).

Il est très important de réserver de la même manière le droit de tenir des registres locaux des membres et d'opérer des transferts à l'étranger dans l'endroit où la Compagnie se livre à ses opérations en insérant dans les Articles d'Association des clauses renfermant des prévisions similaires.

Qu'on n'oublie pas, surtout, si la Compagnie se propose de demander l'admission de ses titres à la cote officielle du Stock Exchange (la Bourse de Londres), d'insérer une clause, sur laquelle on insiste à présent, et qui défend à une Compagnie d'acheter ses propres actions, chose qui n'est pas permise par les règlements du Stock Exchange.

Les Articles d'Association sont rangés séparément, paragraphe par paragraphe, et numérotés par ordre, et, si on les fait enregistrer en même temps que le Mémorandum d'Association, un exemplaire imprimé sur du papier de format officiel en est signé par les mêmes personnes qui ont signé le Mémorandum (mais sans ajouter la mention du nombre d'actions que chacune d'elles a prises), et toutes les signatures sont certifiées par les mêmes témoins. Si on ne les fait entrer au dossier que plus tard, ils sont enregistrés en même temps que les résolutions spéciales qui ont adopté ces Articles.

Quand le Mémorandum et les Articles d'Association ont ainsi été terminés, on les remet au Bureau d'enregistrement des Joint Stock Companies, où, après paiement des droits et timbres nécessaires, ils sont déposés et enregistrés.

Le Mémorandum d'Association sera revêtu d'un timbre du montant indiqué dans le dernier chapitre et en outre de ces droits *ad valorem*, dont on trouvera le détail page 185; il sera payé *dix shillings* pour le timbre des Articles d'Association et *cinq shillings* de droit d'enregistrement.

Si le Registrar est satisfait de la régularité des papiers on peut avoir le lendemain son certificat d'enregistrement de la Compagnie, qui, par ce fait, devient Corporation constituée à responsabilité limitée et se livrant à ses opérations, d'après les lois, les conditions de son Mémorandum d'Association et les règlements de ses Articles d'Association.

Avant que la feuille signée soit enregistrée, il faut avoir soin de copier toutes les signatures exactement comme elles sont écrites, et d'en envoyer un double à l'imprimeur, qui fait composer et tirer des exemplaires du Mémorandum et des Articles avec ces signatures, pour l'usage de la Compagnie et des actionnaires.

Chaque actionnaire a droit à un de ces exemplaires moyennant paiement d'un shilling, et si une Compagnie se refusait à donner sur réquisition ces Articles et le Mémorandum, elle s'exposerait à une amende d'une livre sterling au maximum. En outre, des dispositions sommaires l'obligeraient à se conformer aux prescriptions de la loi.

CHAPITRE V

MESURES A PRENDRE APRÈS L'ENREGISTREMENT D'UNE COMPAGNIE.

PREMIERS ADMINISTRATEURS. — SOUSCRIPTION DU CAPITAL. — RÉPARTITION. — PRÉPARATIONS POUR COMMENCER LES AFFAIRES DE LA COMPAGNIE — COTE OFFICIELLE A LA BOURSE.

Aussitôt que la Compagnie est devenue une Corporation constituée, les premiers administrateurs se réunissent en Conseil aussi promptement que possible, afin de prendre les mesures nécessaires pour remplir les formalités préalables requises par la loi, et en même temps pour arriver à réaliser la souscription du capital.

Si la Compagnie a été enregistrée sans Articles d'Association, les signataires du Mémorandum d'Association, d'après la règle 53 de la table A de la loi de 1862, sont les premiers administrateurs; et, en attendant qu'ils en aient nommé d'autres, ils sont investis, d'après la règle 52, de tous les pouvoirs nécessaires pour agir et pour fixer le nombre des membres du Conseil d'Administration et pour choisir ces mêmes membres. Si, par conséquent, ces signataires ne veulent pas conserver leurs fonctions et rester comme administrateurs permanents de la Compagnie, ils n'ont qu'à se réunir pour décider combien il y aura d'administrateurs et de qui se composera le nouveau Conseil d'Administration.

Dans les Articles d'Association spéciaux, il est d'usage de fixer le nombre des membres du Conseil d'administration, et la coutume est d'en avoir cinq, sept ou neuf, ou même davantage, quand le capital de la Compagnie est très important, ou quand la Compagnie a des Conseils distincts, siégeant en deux ou plusieurs endroits.

Il est aussi d'usage d'insérer dans une des clauses des articles spéciaux les noms des premiers administrateurs et il s'ensuit que, lors de l'incorporation de la Compagnie, les personnes dont les noms y figurent deviennent administrateurs de la Compagnie, à condition toutefois qu'elles aient consenti à accepter ces fonctions.

Que les premiers administrateurs aient été nommés d'une manière ou de l'autre, il faut quand le Conseil a été constitué, qu'il se réunisse à bref délai pour établir la manière de conduire les affaires, fixer un *quorum*, remplir les formalités préliminaires et prendre les mesures qui peuvent procurer le capital nécessaire.

A moins que la Compagnie ne soit une de celles qui ont déjà une partie de leur capital assuré, ce qui lui garantit pour ainsi dire le succès, on prendra des arrangements provisoires au sujet de son personnel et du local qu'elle occupera comme siège social, et sans délai on donnera avis de son adresse au *Registrar* des Joint Stock Companies, comme le veut la section 40 de la loi.

Ceci étant fait, et tous les arrangements ayant été pris pour s'assurer les services du personnel *pro tempore,* les administrateurs étudieront et détermineront la meilleure manière de présenter l'affaire au public.

Dès qu'ils se trouveront ensemble, ils examineront le prospectus préparé par les promoteurs, qu'ils se proposent de publier, chose qu'ils ne feront pas avant de l'avoir lu et relu, paragraphe par paragraphe, de l'avoir examiné soigneusement, d'en avoir comparé le texte avec les stipulations du Mémorandum d'Association ainsi qu'avec les Articles enregistrés et aussi avec l'original des rapports des ingénieurs ou des experts dont il est parlé dans le prospectus, afin de justifier à la fois, et le prix des apports, et le capital lui-même, et toutes les déclarations et affirmations du prospectus. Le devoir de chaque administrateur est de s'assurer qu'aucune des assertions du prospectus ne contient d'exagérations, que le contrat préliminaire et tous les autres contrats passés sont spécifiés en accord avec la loi de 1867, et que le prospectus est parfaitement d'accord avec le Mémorandum et les Articles d'Association.

Si la Compagnie est assez importante pour justifier la demande d'admission de ses titres à la cote officielle de la Bourse de Londres, il veillera aussi à ce que, quoique la loi ne l'exige pas, le règlement du Stock Exchange soit observé, c'est-à-dire qu'une reproduction du Mémorandum d'Association soit imprimée au dos du prospectus.

Le prospectus approuvé, chacun des administrateurs en signe un exemplaire autorisant par cela même sa publication avec mention de son nom.

Les administrateurs insisteront auprès des promoteurs pour obtenir d'eux les explications les plus précises au sujet des dépenses à faire pour lancer la Compagnie, afin de savoir qui doit avoir à les supporter, aussi bien dans le cas où un capital suffisant serait souscrit par le public, que dans celui où on ne réussirait pas à se le procurer.

Il n'est pas nécessaire en Angleterre d'annoncer dans la *London Gazette,* qui est le *Journal officiel* de l'Angleterre, l'intention qu'on a de demander l'enregistrement d'une Compagnie, ou d'annoncer qu'on a obtenu le certificat d'incorporation ; les fondateurs et les premiers administrateurs peuvent faire des annonces et lancer des prospectus comme ils l'entendent et autant qu'ils le veulent.

On invite le public à prendre des actions au moyen de prospectus qu'on envoie aux actionnaires des Compagnies du même genre que celle qu'on lance ; il y a des gens qui ont des listes de tous les actionnaires des Compagnies importantes, qui se chargent d'expédier n'importe quelle quantité de prospectus à ces actionnaires. On a aussi recours à la publicité dans les principaux journaux de Londres et de la province et on y publie le prospectus légèrement abrégé.

Si l'objet de la Compagnie est une entreprise solide, utile, qui promet des bénéfices presque certains, si le Conseil est composé de gens capables, versés dans les affaires et jouissant d'une bonne réputation, et s'ils s'intéressent eux-mêmes d'une façon substantielle dans l'affaire et emploient leur influence d'une façon efficace, cette publicité, avec l'aide des agents de change de la Compagnie qu'ils emploieront pour recueillir des souscriptions, pourra probablement leur amener un capital suffisant pour justifier une répartition d'actions et pour permettre de se livrer aux opérations qui font l'objet de la Compagnie.

Quelquefois, on insère dans les articles spéciaux une clause disant qu'il n'y aura pas de répartition à moins que les demandes *bona fide* ne représentent un nombre minimum d'actions qu'on fixe ; et ceci est une précaution très sage, si ce montant minimum du capital qu'on veut avoir et qu'on fixe, est suffisant pour faire marcher l'entreprise. S'il n'est pas fait mention de cette restriction, c'est aux administrateurs à voir s'il convient de faire une répartition d'actions, ou de rendre l'argent payé par les souscripteurs ; et comme la solution de ce point important est à leur discrétion, n'agir qu'avec une grande prudence.

La question véritable que les administrateurs ont à se poser devrait être celle-ci : vu le capital qui a été souscrit, et considérant ce que la Compagnie a à payer pour les apports et les dépenses faites, si le Conseil fait une répartition restera-t-il assez d'argent pour faire marcher les affaires de la Compagnie, et les actionnaires pourront-ils nous blâmer, si, au lieu de leur rendre leur argent, nous gardons leur souscription? S'il y a l'ombre d'un doute sur la manière de répondre à cette question, et si les vendeurs ou les promoteurs ne peuvent pas prendre d'engagement pour souscrire telle autre portion du capital que des hommes prudents pourraient considérer comme nécessaire pour assurer le succès de l'affaire, aucun administrateur ne sera assez imprudent pour appuyer une résolution de répartition d'actions, et ce qu'il y a de plus sage à faire, c'est de rendre l'argent aux actionnaires.

Tous les bulletins de souscription seront numérotés et enregistrés par le secrétaire, dans l'ordre où il les a reçus; et, après que les administrateurs réunis en conseil en auront ordonné la répartition, les noms de tous ceux qui reçoivent des actions seront inscrits dans le registre de répartition qui doit être signé par le Président du Conseil d'Administration.

Au chapitre VII, on trouvera traité d'une façon plus complète tout ce qui se rapporte à la manière de souscrire, à la répartition des actions, aux notifications à faire aux actionnaires, etc., etc.

Lorsqu'un capital suffisant aura été souscrit, et que les premiers versements auront été opérés, il est probable que les administrateurs quitteront les bureaux provisoires qu'ils occupaient pour d'autres où ils s'installeront d'une façon permanente et dont ils feront le siège social de la Compagnie; et, dans ce cas, une notification du changement de domicile, signée par le président, le secrétaire ou un autre fonctionnaire de la Compagnie, sera transmise et enregistrée au bureau des Joint Stock Companies.

Pour se conformer aux prescriptions de la section 41, ils feront apposer le nom de la Compagnie (toujours suivi du mot « *Limited* ») à la porte du siège social et aussi aux autres endroits où la Compagnie fait ses opérations, et cette inscription devra être bien visible et en caractères faciles à lire.

Il faut aussi avoir un sceau sur lequel sera gravé en caractères lisibles le nom de la Compagnie, et le Conseil prendra des mesures spéciales et décidera la manière de garder ce sceau pour que personne n'en fasse indûment usage. S'il s'agit de Compagnies qui font des affaires à l'étranger, elles auront un second sceau officiel dont elles se serviront hors du Royaume-Uni. Le Conseil donnera aussi les instructions pour qu'on y ait les différents bordereaux et documents que vise la section 42 de la loi ; et que sur tous les documents émanant de la Compagnie le nom de la Compagnie soit suivi du mot *Limited.*

La Compagnie procurera tous les registres exigés par la loi (voir chapitre XII), et le secrétaire prendra immédiatement des mesures pour que l'entrée des noms, adresses, ainsi que du détail des actions se trouvant entre les mains de chaque souscripteur, soit effectuée dans le registre des membres de la Compagnie (voir chapitre VIII). Faute de remplir ces formalités, la Compagnie et ses administrateurs, gérants ou fonctionnaires, s'exposent à de graves pénalités.

Le traité préliminaire qui forme la base des opérations de la Compagnie, ainsi que cela est expliqué au chapitre II, doit être considéré et adopté par le Conseil au nom de la Compagnie, et ce contrat doit être enregistré, s'il stipule qu'il sera émis des actions libérées en représentation des apports.

Dans ce cas, la marche à suivre consiste à faire en triple un acte entre la Compagnie et le vendeur, dans lequel il est fait mention du contrat préliminaire et de l'incorporation de la Compagnie ; il y est aussi dit qu'une résolution a été prise par les administrateurs pour adopter le contrat au nom de la Compagnie. Chaque exemplaire de ce document est revêtu du sceau officiel et on y appose un timbre de dix shillings. Un des exemplaires est pour le vendeur, le second pour la Compagnie et le troisième pour l'enregistrement au Bureau des Joint Stock Companies en conformité de la section de la loi de 1867, citée au chapitre II.

On voit par ce bref exposé des exigences de la loi, combien la préparation des documents et des arrangements préliminaires dépend de l'habileté et de l'expérience du secrétaire.

Par conséquent le choix d'un secrétaire permanent est une question qu'il s'agit de résoudre aussitôt que possible, car, toutes ces attributions sont du domaine du secrétaire qui doit avoir non seulement l'expérience des affaires en général, mais aussi celle de la routine des affaires d'une Compagnie et doit être parfaitement au courant de tout ce qui touche la direction d'une Compagnie conformément aux lois, aux prescriptions et aux règlements.

C'est à lui qu'incombe le soin de veiller à ce que, d'après les instructions des administrateurs, toutes les formalités que nous avons énumérées soient minutieusement remplies ; c'est à lui de préparer et de faire remplir les bordereaux ; il assiste à toutes les réunions du Conseil et à toutes les assemblées d'actionnaires ; il rédige les procès-verbaux, et adresse tous les avis, toutes les notifications aux actionnaires ou à toutes autres personnes. Il tient la correspondance pour tout ce qui a rapport aux appels de fonds, transferts, déchéance de titres, etc.

Aidé du personnel nécessaire, suivant l'importance de la Compagnie, il veille à ce que tous les livres, registres et documents ayant rapport aux affaires intérieures, soient préparés et que tous les avis et notifications nécessaires soient enregistrés au Bureau des Joint Stock Companies.

Procès-verbal de toute mesure ou résolution prise par la Compagnie ou par le Conseil d'administration doit être dressé conformément à la section 57 de la loi de 1862 qui veut que tout procès-verbal rédigé comme l'exige la loi, soit un document qui fasse preuve en matière légale.

Pour faire les démarches nécessaires afin d'assurer aux actions de la Compagnie l'admission à la cote officielle, il est obligatoire de remettre au secrétaire du Stock-Exchange, par l'intermédiaire de l'agent de change de la Compagnie, des copies du prospectus et des Articles d'Association, les bulletins de souscription eux-mêmes, le livre de répartition signé par le président et le secrétaire de la Compagnie et un certificat attestant par déclaration sous serment du président et du secrétaire quel est le nombre d'actions qui a été souscrit et réparti sans conditions, et quel est le montant des versements effectués.

Ceci doit être accompagné de la déclaration que les sommes versées ne sont sous le coup d'aucune saisie, hypothèque, ou réclamation quelconque, et la Compagnie doit aussi produire le « Passbook » (carnet) de ses banquiers et le certificat de ces derniers, constatant le chiffre des sommes reçues pour le compte et au nom de la Compagnie.

Le Stock-Exchange veut, pour admettre les titres d'une Compagnie à la négociation officielle, que les souscriptions *bona fide* pour les deux tiers de son capital aient été reçues et que les actions que représente ce montant du capital aient été réparties entre les souscripteurs, sans qu'aucune action donnée en paiement à des concessionnaires, vendeurs ou entrepreneurs pour des apports quelconques, puisse être considérée comme faisant partie de la répartition faite au public.

Bien plus, si au lieu d'argent on avait donné des actions libérées pour payer des apports, on aurait à produire un certificat officiel prouvant que le contrat qui permettait l'émission de ces actions a été enregistré par le Registrar des Joint Stock Companies, comme l'exige la loi de 1867.

On trouvera page 186 de l'appendice une traduction des règlements du Stock-Exchange qui ont trait à cette question.

CHAPITRE VI

ADMINISTRATEURS

LEURS PREMIERS DEVOIRS. — CE QU'ON APPELLE LEUR QUALIFICATION. — CHARGES QU'ILS ONT A REMPLIR D'APRÈS LES POUVOIRS DONT ILS SONT INVESTIS. — FORMALITÉS QU'ILS DOIVENT OBSERVER. — LEURS RESPONSABILITÉS. — LEUR RÉMUNÉRATION. — LEUR REMPLACEMENT A TOUR DE ROLE.

Dans le dernier chapitre, il a été traité de la manière dont les premiers administrateurs sont nommés ; et les mesures préliminaires à prendre, lors de la première assemblée du Conseil d'administration, y ont été énoncées.

Généralement, les règlements statutaires exigent que pour être administrateur, on soit intéressé dans l'entreprise, c'est-à-dire, qu'on soit propriétaire d'un certain nombre d'actions ; c'est ce qu'on appelle en anglais la « qualification », parce que cela donne qualité pour faire partie du Conseil d'administration, et certainement il est à souhaiter, dans l'intérêt des actionnaires et de toute Compagnie, que les administrateurs soient aussi propriétaires de titres de leur Compagnie, car, non-seulement cela inspire confiance, mais c'est pour ainsi dire un gage sûr du soin qu'ils donneront aux affaires dont la direction leur est confiée.

S'il arrivait qu'aucune clause des Articles d'Association d'une Compagnie n'exigeât que chacun des administrateurs fût propriétaire de titres, représentant une certaine somme, il s'ensuivrait que n'importe qui, actionnaire ou non, pourrait devenir administrateur.

Il n'est point utile de fixer trop haut le nombre d'actions dont un administrateur doit, statutairement, être propriétaire, car ce n'est pas toujours le plus gros actionnaire d'une Compagnie qui est le plus apte à la diriger.

Ces actions que prennent les administrateurs sont réparties entre eux lors de la première réunion des membres du Conseil d'administration, et le montant qui serait payable par d'autres actionnaires sur le même nombre de titres, est immédiatement versé par eux. Tout administrateur qui cesse d'être porteur du nombre d'actions requis pour sa qualification, cesse par cela même d'être apte à remplir ses fonctions; et, invariablement, un article spécial stipule en outre (comme on peut le voir table A, art. 57), que le siège d'un administrateur devient vacant, s'il occupe une autre place dans la Compagnie, ou remplit d'autres fonctions salariées, ou lui procurant des bénéfices pécuniaires; s'il tombe en faillite ou devient insolvable; ou s'il est personnellement intéressé dans des contrats avec la Compagnie, ou y participe au point de vue des profits.

Mais cette dernière injonction est ordinairement modifiée par cette autre condition, qu'un administrateur ne cesse pas de remplir ses fonctions par la raison qu'il est membre d'une Compagnie qui a passé des contrats ou fait des opérations avec sa propre Compagnie, mais qu'il ne pourra voter, en ce qui regarde ces contrats ou ces opérations, et que s'il le faisait, son vote serait considéré comme nul.

Maintenant nous allons considérer quels sont les devoirs et les pouvoirs des administrateurs en ce qui touche l'administration des affaires de la Compagnie.

Les règlements formulés dans la table A, articles 66 à 71 (page 173 de l'appendice), quoique souvent quelque peu étendus et amplifiés dans les Articles spéciaux, montrent suffisamment la façon de procéder adoptée ordinairement pour la gestion des administrateurs.

Après avoir, dans leur première réunion, procédé à tous les arrangements préliminaires, ils fixent les époques de réunion du Conseil, établissent des règles pour l'expédition des affaires, déterminent le *quorum*, (c'est-à-dire le nombre des administrateurs qui devront être présents pour constituer une réunion capable de prendre valablement des décisions) procèdent à l'élection d'un président, prescrivent la façon de signer ou de contresigner les chèques ou traites à tirer pour les affaires de la Compagnie et stipulent aussi comment on se servira du sceau officiel de la Compagnie.

Les Administrateurs, nommés comme ils le sont pour gérer les affaires de la Compagnie, jouissent de tous les droits et de tous les pouvoirs qui sont le privilège de la Compagnie, en vertu, soit de la loi des Joint Stock Companies, soit des Articles d'Association, excepté en ce qui a trait à des actes qui exigent l'autorisation des actionnaires réunis en Assemblée générale.

Le Conseil a qualité pour payer toutes les dépenses raisonnables encourues pour la formation et l'enregistrement de la Compagnie ; il peut faire les appels de fonds ; faire la répartition des actions ou prendre les mesures nécessitées par les Articles d'Association pour la déchéance des actions ; choisir des banquiers ; nommer ou révoquer le secrétaire, le gérant ou les autres fonctionnaires et employés; convoquer les actionnaires en assemblées générales ; contracter des emprunts motivés par les opérations de la Compagnie jusqu'à concurrence du montant autorisé par les Articles d'Association ; grever d'hypothèques ou de charges quelconques l'actif de la Compagnie, en représentation des sommes qu'ils ont empruntées, et intenter toute action judiciaire.

En un mot, les administrateurs ont le droit d'exercer en totalité ou en partie tous les pouvoirs de la Compagnie que la loi, en dehors des Articles d'Association, ne réserve pas exclusivement aux actionnaires réunis en assemblée générale.

Le Conseil d'administration se gardera de faire, quoi que ce soit, qui n'entre pas dans le champ des opérations de la Compagnie ; c'est-à-dire, de faire aucun appel de fonds, et de faire aucun acte d'autorité qui ne soit strictement légal par rapport aux conditions qui lui sont imposées par les Articles d'Association.

Les administrateurs feront bien attention, quand il s'agit de tirer, d'accepter ou d'endosser des traites pour le compte de la Compagnie, à ne mettre leur signature qu'après les mots : « *for the Company* » (pour la Compagnie), apposés en manuscrit ou au moyen d'un timbre ; car, autrement, si la traite n'était pas payée, ils se trouveraient individuellement et personnellement responsables. Ils feront aussi en sorte de ne pas entrer dans des transactions pour la Compagnie ou de ne pas engager son crédit et de ne pas contracter d'emprunts en son nom, en outrepassant les pouvoirs que leur concèderaient les Articles à cet égard[1].

Si on trouve que les pouvoirs accordés aux administrateurs par les statuts enregistrés sont trop restreints, les actionnaires ont la faculté d'ajouter par une résolution spéciale, de nouvelles clauses aux Articles d'Association, et d'étendre les pouvoirs des administrateurs, de même qu'ils peuvent aussi les modifier, les restreindre, ou les changer, comme ils le jugent convenable.

Le Conseil peut déléguer ses pouvoirs à des commissions d'administrateurs auxquelles il impose telles conditions qu'il considère utiles. (Voir art. 66 à 71 de la table A.)

Les pouvoirs des administrateurs sont exercés par eux sous forme de résolutions, prises dans leurs réunions en Conseil ; chacun d'eux a une voix ; le président, en cas d'égalité de vote, a une voix additionnelle c'est-à-dire, la prépondérance.

Les Articles spéciaux contiennent invariablement une clause semblable à l'article 71 de la table A, stipulant que tous les actes du Conseil ou d'une commission se-

[1] Celui qui se propose d'entrer en relation d'affaires avec une Compagnie ou de lui faire crédit, fera bien de s'assurer que ce qu'elle propose n'outrepasse pas les pouvoirs de la Compagnie, ou ceux des administrateurs, d'examiner la position pécuniaire de la Compagnie et de veiller à ce que toute traite qu'il prend soit acceptée conformément aux règlements statutaires.

ront valides, même si on trouvait quelque défaut dans la nomination de ses membres.

L'avis de convocation du Conseil énoncera toutes les affaires qu'on se propose de traiter, excepté celles qui sont du train ordinaire des opérations journalières de la Compagnie. Si, par exemple, il est question de contracter un emprunt spécial pour la Compagnie, de considérer l'opportunité qu'il y a de nommer une commission pour un certain objet, de passer des contrats qui n'entrent pas dans le cadre des contrats usuels de la Compagnie, ou de considérer les avantages qu'il y a à disposer d'une chose quelconque qui appartient à la Compagnie, ou d'exécuter certains actes légaux importants, il est naturel que l'attention des administrateurs soit appelée spécialement sur ces sujets et qu'il soit de leur devoir de s'arranger de façon à n'être pas absents quand il s'agit de délibérer sur de semblables questions.

Aucun administrateur qui agit *bona fide*, et au mieux de son jugement dans l'intérêt de la Compagnie, ne peut être tenu responsable des pertes subies par la Compagnie ; mais qu'il fasse faire bien attention à ne rien faire d'illégal et à ne pas outrepasser les pouvoirs de la Compagnie ; car un administrateur est considéré comme connaissant tout ce qui est du ressort ou n'est pas du ressort et de la compétence de la Compagnie, d'après le Mémorandum d'Association et aussi d'après les stipulations des Articles d'Association et les prescriptions de la loi des Joint Stock Companies.

Un administrateur doit toujours se rappeler qu'il agit comme fidéi-commissaire pour les actionnaires, et que rien ne serait capable de le justifier s'il réalisait des profits en exploitant, sans la sanction des actionnaires, ce qui a été confié aux administrateurs.

Si, par exemple, les actions qui « qualifient » un homme pour être administrateur, lui avaient été données par un promoteur ou par le vendeur, c'est-à-dire par l'homme qui cède des apports, il s'exposerait à être sévèrement blâmé et aurait à rembourser le montant intégral de ces actions.

Or, si les administrateurs étaient d'accord pour acheter une propriété au nom de la Compagnie à condition que le vendeur leur alloue une commission, le fait d'accepter ce pot-de-vin serait considéré, de leur part, comme une fraude, et ils devraient en effectuer le remboursement à la Compagnie. En outre, le contrat, si on le trouvait désavantageux pour la Compagnie, serait susceptible d'être annulé. Ce remboursement d'argent qu'on s'est illégalement approprié est obligatoire, quand même de longues années se seraient écoulées et qu'on n'aurait découvert la malversation ou la prévarication que lors de la liquidation, ou au cours de n'importe quelle enquête.

Lorsqu'il n'y a pas eu de prévision, dans une des clauses des Articles spéciaux, pour la rémunération des administrateurs, cette rémunération non-seulement pour services rendus antérieurement à la première assemblée générale, mais aussi leurs émoluments pour leurs services futurs, sont fixés (art. 54, table A) par les actionnaires de la Compagnie, en assemblée générale.

Cette rémunération est représentée d'ordinaire par une certaine somme, plus ou moins forte, d'après le nombre des administrateurs et la nature des affaires de la Compagnie ; elle est partagée entre les administrateurs sous forme de jetons de présence aux réunions du Conseil ; il est d'usage que le Président soit mieux rémunéré que les autres administrateurs. Quelquefois, au lieu de cette somme, ou bien en dehors de ces honoraires, on leur alloue une commission, ou une part dans les bénéfices, après déduction d'un certain dividende en faveur des actionnaires.

Que la Compagnie réussisse ou non, dans les affaires qu'elle fait, les administrateurs ont droit à recevoir leurs émoluments.

Les articles de la table A pour le remplacement des administrateurs à tour de rôle, et l'ordre dans lequel ils se retirent, ainsi que les règlements qui indiquent la façon de remplir les sièges vacants, d'augmenter ou de diminuer le nombre des administrateurs et de remplacer tel ou tel d'entre eux, se trouveront à l'appendice, clauses 58 à 65, page 169.

Un administrateur qui se retire, est rééligible, d'après l'Article 60, et ordinairement aussi d'après les Articles spéciaux. Considérant cependant que c'est sur les premiers administrateurs que tombe le travail de la formation de la Compagnie et de l'établissement des affaires, il est d'usage de stipuler dans des Articles spéciaux qu'au lieu de se retirer après la première assemblée générale, les premiers administrateurs conserveront leurs fonctions pendant un certain temps.

CHAPITRE VII

ACTIONS ET ACTIONNAIRES

(PREMIÈRE PARTIE)

PRÉCAUTIONS A PRENDRE AVANT DE SOUSCRIRE DES ACTIONS. — LA RÉPARTITION ET SES CONSÉQUENCES. — DROITS ET RECOURS DES ACTIONNAIRES.

Avant de procéder à l'examen des précautions que toute personne fera bien de prendre, si elle est disposée à souscrire une ou plusieurs actions d'une Compagnie anglaise, il est nécessaire d'appeler l'attention du lecteur sur la dernière partie du chapitre I, et de le prier de bien remarquer que le prospectus dont il est parlé dans ce chapitre-ci, n'a rien de commun avec celui qui est si souvent publié en France par les promoteurs des Compagnies ayant un caractère anglo-français, et qui fait croire au public que les actions qui leur sont offertes ont été préalablement souscrites, et qu'un quart de leur valeur en a été versé.

Le prospectus dont il est ici question est celui toujours adopté par une Compagnie en Angleterre ; il est publié par les soins des premiers administrateurs lors du lancement d'une Compagnie, et on y invite le public à souscrire des actions originales, qui n'ont été ni souscrites, ni allouées et sur lesquelles rien n'a été payé.

Si quelqu'un reçoit un prospectus offrant des actions en vente, il devrait comprendre que ce prospectus ne peut pas avoir été lancé par la Compagnie même, mais doit l'avoir été par quelqu'un qui passe pour avoir souscrit des actions. Il devrait donc au moins s'informer, auprès de qui de droit, pour savoir qui est la personne qui publie et envoie ce prospectus et qui offre ces actions en vente, et demander les explications les plus amples au sujet des circonstances qui l'ont rendu possesseur de ces actions, et de la manière dont elles ont été payées et se procurer aussi des explications semblables au sujet de toutes les autres actions représentées comme ayant été souscrites.

Il fera bien aussi de prendre toutes les autres précautions suggérées dans ce chapitre.

On a déjà vu comment, en Angleterre, les premiers administrateurs d'une Compagnie se font connaître au public et l'invitent à souscrire, en donnant de la publicité à un prospectus, d'abord complet, et ensuite abrégé, dans les principaux journaux, ou en envoyant en grande quantité aux gens qui ont des valeurs mobilières, des prospectus de la nouvelle entreprise.

Dans chaque prospectus, se trouve un bulletin de souscription, mais avant de le signer, toute personne prudente fera bien de prendre de minutieux renseignements sur l'affaire en elle-même et examinera les points suivants :

1° Quels sont les administrateurs? Quelle est la position sociale qu'ils occupent? De quel crédit jouissent-ils, et quelle est leur réputation?

(Même précaution à prendre à l'égard de toutes les personnes dont le nom est cité dans le prospectus.)

2° Les assertions publiées dans le prospectus sont-elles véridiques? Les chances de réussite dont parle ce prospectus sont-elles basées sur quelque chose qui puisse faire croire à leur réalisation? C'est ce dont il faut s'assurer, autant que possible, en demandant des renseignements à des personnes désintéressées.

3° Si l'objet de la Compagnie est d'acheter une propriété ou une concession, il est urgent de s'assurer que le prix des apports n'est pas trop élevé.

Ce qui séduit fréquemment les souscripteurs, c'est que le vendeur consent à recevoir des actions libérées pour la totalité, ou en représentation d'une grande partie de ses apports. Il est bon dans ce cas d'examiner quels sont les privilèges et droits de vote attachés à ces actions, car, à moins qu'on n'ait restreint ce droit, le reste des actionnaires serait ensuite exposé à être à la merci complète du vendeur.

En outre, il est important qu'on s'assure que les Articles ont stipulé que les dividendes seront distribués aux actions elles-mêmes, et non au montant nominal des titres remis au vendeur en paiement de ses apports, car ces titres, en attendant que les actions réellement souscrites aient été complètement libérées, absorberaient une proportion considérable des bénéfices disponibles, au détriment des souscripteurs réels.

4° Tout prospectus indique l'endroit où on peut trouver les Articles d'Association. Il est de la plus grande importance de se procurer un exemplaire de ces Articles et de les soumettre, ainsi que le prospectus, à un homme capable de se guider et de se renseigner sur les obligations légales et les diverses questions qu'entraîne l'adhésion à ces documents et aux divers autres documents et contrats mentionnés dans le prospectus de la Compagnie.

Cette salutaire précaution, on la prend presque toujours trop tard, ce qui fait que c'est absolument une précaution inutile ; c'est comme si on s'assurait après l'incendie, car une fois que quelqu'un a souscrit et que la notification de la répartition des actions qu'il a demandées lui a été envoyée, il est actionnaire pour tout de bon ; et, qu'il ait, ou non, pris connaissance des documents en question, il est censé n'avoir pris ces actions qu'en parfaite connaissance de cause ; et il ne saurait invoquer, sur ce terrain, aucun prétexte pour échapper à ses obligations, et a la responsabilité qu'il peut avoir assumée.

Il est d'usage de souscrire au moyen de bulletins de souscription qu'on remplit, en demandant un certain nombre d'actions, pour lesquelles on fait à titre de dépôt, le versement d'une certaine somme qu'on envoie, ou qu'on remet chez les banquiers de la Compagnie. En envoyant le bulletin de souscription, le futur actionnaire s'engage à accepter le nombre d'actions qui lui sera alloué (jusqu'à concurrence du nombre d'actions qu'il demande lui-même, bien entendu), et autorise par cela même l'inscription de son nom sur le registre des membres pour le nombre d'actions dont la répartition lui est faite.

Le Conseil d'administration examine ces demandes

de souscription ; une résolution est passée, faisant la répartition de toutes les actions souscrites ou d'un nombre inférieur à leur total ; puis les noms des souscripteurs sont inscrits sur le livre de répartition qui est signé par le président et le secrétaire, et on donne ordre d'envoyer une lettre officielle à chaque souscripteur, pour lui faire savoir combien il lui est alloué d'actions.

Une lettre de répartition est tout simplement un écrit dans lequel est acceptée la demande de souscription et notifié le nombre d'actions alloué au souscripteur. Toute addition de nouveaux termes et de nouvelles conditions donne au souscripteur le droit de réclamer le montant de son versement et d'annuler sa souscription. Chaque lettre de répartition est obligatoirement revêtue d'un timbre d'un penny ; en ne plaçant pas ce timbre sur les lettres, on s'expose à une amende de vingt livres sterling (cinq cents francs).

Le souscripteur est réellement devenu actionnaire et est engagé comme tel, à partir du moment où la lettre de répartition lui a été envoyée par la poste. Dès lors, il est forcé de payer en numéraire l'entière valeur nominale de chacune des actions qui lui ont été allouées, aux dates fixées par le prospectus ou par la lettre de répartition pour les versements, ou bien de répondre aux appels de fonds que peut faire plus tard le Conseil d'administration.

Un souscripteur qui n'a pas encore reçu sa lettre de répartition peut annuler sa demande de souscription à condition que l'avis qu'il en donne à la Compagnie arrive avant que les lettres de répartition n'aient été mises à la poste. Dans ce cas, on lui rembourse le montant de son premier versement, et son bulletin de souscription est annulé.

Il arrive quelquefois qu'une personne qui a souscrit des actions dont on lui a fait ensuite la répartition, trouve qu'elle a été induite en erreur, soit par le prospectus, soit par des représentations mensongères, émanant de la Compagnie ou d'un administrateur ou même d'une autre personne qui lui a recommandé cette valeur.

S'il existe des motifs suffisants, l'actionnaire qui se croit lésé, prendra des mesures immédiates et demandera, sans délai, le montant de son versement et exigera qu'on fasse disparaître son nom de la liste des actionnaires et qu'on insère cette rectification dans le registre. Il agira de suite, parce que, du moment que certains faits sont venus à sa connaissance, il semblerait y donner son acquiescement ; et plus tard, s'il voulait intenter des poursuites, ce serait un argument qu'on invoquerait contre lui. En tout cas, il faut qu'il le fasse, avant qu'une demande de mise en liquidation de la Compagnie ait été présentée.

Maintenant que nous traitons le sujet des droits et recours des actionnaires, nous dirons quelques mots sur ces droits, dans le cas, où postérieurement à la formation de la Compagnie et au commencement de ses opérations, des actionnaires viendraient à apprendre qu'il y a quelque irrégularité dans la gestion de la Compagnie.

Il arrivera, par exemple, qu'un administrateur est en fonctions quoique sa nomination ne soit pas parfaitement légale, ou du moins laisse jour à quelque doute ; ou bien une résolution aura été passée en assemblée générale et mise en vigueur, quoique, en y regardant bien et en examinant l'avis de convocation et l'ordre du jour, on voie que cette résolution ne devait, ni ne pouvait être passée dans la forme où elle l'a été. D'autres fois, les comptes n'auront pas été présentés dans leur due forme, ou il y aura eu du retard en les présentant à la vérification des censeurs; de sorte qu'ils ne sont pas apurés.

Chaque fois qu'il se présente une irrégularité de ce genre, il est important que l'actionnaire lésé soit soutenu par d'autres actionnaires; mais la Cour prêtera toujours l'oreille à de légitimes plaintes et rendra jugement pour mettre un terme à toute irrégularité. Toutefois, il ne faut pas qu'un actionnaire s'imagine qu'il peut obtenir de suite l'intervention de la Cour s'il n'y a pas préméditation réelle et sérieuse dans les agissements de ceux qu'il accuse de mettre en péril les affaires de la Compagnie ; et certainement, la Cour, à moins de preuves concluantes, n'interviendrait pas en faveur d'une minorité infime, pour contrecarrer les vœux de la majorité.

Un actionnaire aura toujours présent à la mémoire qu'après tout, il n'est qu'un simple associé, et, que comme tel, il est forcé, de même que dans une association ordinaire, de céder devant ses associés et de les laisser agir comme ils l'entendent quand il est seul contre eux et que leur opinion condamne la sienne en ce qui regarde les affaires de la communauté.

Toutefois, si les administrateurs ou une majorité d'actionnaires décident qu'il sera fait quelque chose qui n'entre pas dans le cadre des opérations de la Compagnie, tel que l'a défini le Mémorandum d'Association, ou qui outrepasse les pouvoirs de la Compagnie, la Cour interviendra immédiatement, même sur la simple demande d'un seul actionnaire. Si, par exemple, on essayait de créer des actions de préférence, alors que les règlements statutaires n'autorisent pas la création de ces titres, de distribuer des dividendes pris sur le capital et non sur les bénéfices, ou de frapper illégalement de déchéance certaines actions, la Cour, instruite de ces faits, y porterait immédiatement remède.

CHAPITRE VIII

ACTIONS ET ACTIONNAIRES

(SECONDE PARTIE)

LE REGISTRE DES MEMBRES. — COMMENT RECTIFIER UNE INSCRIPTION ERRONÉE OU UNE OMISSION. — CERTIFICATS D'ACTIONS. — TRANSFERTS D'ACTIONS. — TRANSMISSION DANS LES CAS DE MORT, D'ALIÉNATION MENTALE, OU DE MISE EN FAILLITE D'UN ACTIONNAIRE. — DROITS DES FEMMES ACTIONNAIRES.

Aussitôt que les lettres de répartition ont été expédiées par la poste, les noms de ceux à qui elles ont été envoyées sont portés au registre des membres de la Compagnie, où antérieurement ont été inscrits les noms des signataires du Mémorandum d'Association qui ont souscrit le nombre d'actions qui se trouve indiqué en face de leurs signatures respectives, et où se trouvent aussi les noms des administrateurs et l'indication du nombre d'actions souscrites par chacun d'eux et qui leur donnent droit au poste qu'ils occupent, actions qui sont réparties entre les membres du Conseil d'administration dès leur première réunion.

Le registre des membres qui, d'après la loi, fait preuve, *prima facie*, est tenu au siège social de la Compagnie et contient :

a) Les noms, adresse et profession ou qualités de chaque souscripteur ;

b) La déclaration ou l'indication du nombre d'actions dont chacun est détenteur ; le numéro de chaque action, et le montant payé, ou considéré comme tel, sur chaque action ;

c) La date à laquelle chaque personne est devenue actionnaire, date qui doit être celle, non pas du bulletin de souscription, mais de la lettre de répartition ;

d) La date à laquelle chacune de ces personnes a cessé d'être actionnaire. Si elle a transféré ses actions, le nom et l'adresse de la personne à qui elle a transféré ces titres sont inscrits de telle façon qu'on voie bien que l'actionnaire primitif ne fait plus partie de la Compagnie.

Il est loisible aux Compagnies de faire annoncer, dans les journaux, la clôture de leurs registres pour une ou plusieurs périodes qui à elles toutes ne doivent pas dépasser trente jours sur l'année entière. A l'exception des périodes de clôture, ce registre est, deux heures par jour, à la disposition des actionnaires qui ont le droit de le consulter gratis, il l'est aussi à celle de toute autre personne quelconque, moyennant le paiement d'un shilling, ou de telle autre somme inférieure à un shilling qui aurait pu être déterminée par la Compagnie. La Compagnie est obligée de fournir copie de tout ou partie de ce registre à raison de six pence (60 centimes) par cent mots. (Voir sections 32 et 33 de la loi de 1862.)

Faute de tenir ce registre, d'en permettre l'inspection ou de fournir les copies qui en seraient demandées, une Compagnie s'exposerait à de graves pénalités; et la loi a voulu qu'il soit pris des mesures très sommaires pour forcer les Compagnies à se soumettre à ces injonctions.

Si on refuse de laisser consulter le registre, le juge, à moins que des raisons suffisantes n'aient été données pour justifier cette conduite, rendra immédiatement une ordonnance pour forcer la Compagnie à laisser inspecter ce livre, et cela, sur simple sommation et après avoir eu la preuve qu'on a refusé de donner communication du registre.

Si quelqu'un a eu son nom inscrit par erreur sur le registre, ou bien encore s'il ne l'a pas eu inscrit du tout quand il aurait dû l'être, il adressera une demande à la Cour par l'intermédiaire de son solicitor appuyée par *affidavit* (déclaration sous serment) à cet effet, en détaillant les circonstances dans lesquelles les faits se sont produits. Il donnera avis formel à la Compagnie de sa demande, et la Cour peut, non seulement ordonner d'effacer le susdit nom du registre des membres ou de l'y inscrire, mais de plus, ordonner la Compagnie de payer tous frais et dommages que la partie plaignante peut réclamer pour préjudice causé.

Aussitôt après que les lettres de répartition ont été mises à la poste, le Conseil d'administration donnera ordre de préparer les certificats d'actions.

Un certificat d'action n'est pas, par lui-même, ce qu'on appelle un titre, car aussi longtemps qu'une action n'a pas été entièrement libérée, c'est une action nominative, transmissible seulement par voie de transfert. Le certificat est simplement la preuve établissant que l'action ou les actions qu'il représente ont été légitimement émises par la Compagnie. Ce qui constitue la vraie preuve du droit de l'actionnaire, c'est l'inscription et l'existence actuelle de son nom sur le registre des actionnaires. Un certificat ne demande pas à être timbré.

Tout actionnaire, en se conformant aux restrictions et aux règlements de la Compagnie, a le pouvoir de transférer, au nom de qui bon lui semble, tout ou partie de ses actions. La forme de transfert la plus généralement usitée, est celle dont on trouvera le libellé page 197, ou du moins c'est quelque chose d'approchant. Le transfert, dûment timbré, est signé en présence de témoins, par les deux parties intéressées dans cette opération de transfert; puis il est envoyé au Conseil d'administration de la Compagnie qui, par résolution, l'approuve, et donne ordre de l'enregistrer dans les livres. Le coût du timbre du transfert est indiqué au tableau des droits fiscaux, appendice, page 198.

Comme les règlements d'une Compagnie réservent souvent un droit de saisir ou de suspendre la faculté de transfert, tout acheteur d'actions fera acte de prudence en s'assurant, avant de payer le prix des actions qu'il achète, qu'il n'existe à la Compagnie aucune réclamation ou charge qui pourrait s'opposer à l'inscription de son transfert, ou qui pourrait la retarder.

Il est toujours stipulé qu'on ne fait pas de transfert d'actions, tant qu'il y a un appel de fonds en souffrance, mais les administrateurs n'ont pas le droit de s'opposer au transfert d'actions libérées; et par le fait, s'ils ont le droit de s'opposer à un transfert d'actions sur lesquelles il n'y a pas de versements en retard, du moins ne peuvent-ils pas le faire sans avoir des raisons suffisantes et valides.

On trouve toujours dans les Articles (voir table A, clause 8), cette stipulation, que l'actionnaire qui transfère ses titres est censé continuer à en être le propriétaire, aussi longtemps que le nom de celui à qui il les transfère n'a pas été inscrit sur le registre des actionnaires. En conséquence, tout actionnaire qui transfère des titres prendra soin que le transfert soit enregistré sans délai, car autrement il pourrait s'exposer à avoir à répondre à un appel de fonds. D'un autre côté, celui, en faveur de qui un transfert s'effectue, veillera à ce que ce transfert se fasse sans délai, suivant les formalités voulues.

Si un actionnaire transfère ses titres, en se conformant aux règlements de la Compagnie, et que la Compagnie refuse d'enregistrer ce transfert, il peut s'adresser au tribunal pour forcer la Compagnie à l'enregistrer. En pareil cas, le tribunal, en vertu de ses privilèges de juridiction sommaire, peut ordonner l'inscription dans le registre, et si la Compagnie est dans son tort, c'est elle qui aura à payer les frais judiciaires, et même des dommages-intérêts.

Les règlements d'une Compagnie stipuleront toujours que, en cas de mort d'un actionnaire, ses exécuteurs testamentaires ou les administrateurs de sa succession sont les seules personnes reconnues par la Compagnie comme ses ayants droit; et ces exécuteurs ou administrateurs peuvent avoir les actions placées

5

en leur nom, ou bien transférées au nom d'autres personnes.

Dans la pratique, le « probate » (c'est-à-dire la vérification officielle d'un testament), ou, dans le cas d'une succession *ab intestat*, l'acte officiel intitulé « lettres d'administration », est présenté et laissé au siège social de la Compagnie pour y être enregistré, avec mention des noms et de l'adresse des exécuteurs ou administrateurs que l'on fait entrer dans les livres, en regard des actions de l'actionnaire défunt.

Lorsqu'un actionnaire est frappé d'aliénation mentale, le curateur de ses biens produira l'ordonnance officielle qui lui confère ses pouvoirs, et la fera entrer dans les livres de la Compagnie.

Lorsqu'un actionnaire est mis en faillite, le droit de transférer ses actions, passe entre les mains du syndic (trustee), avec tous les droits y afférents tels qu'ils étaient et se comportaient avant la mise en faillite de l'actionnaire.

Assez communément, les règlements statutaires donnent aux syndics le pouvoir de faire enregistrer ces actions en leur nom; mais ceux-ci peuvent s'y refuser, s'ils voient qu'il y a des versements à faire, des responsabilités à encourir, qui pourraient tourner à leur désavantage; mais, dans ce cas, la Compagnie a droit de recours en dommages.

D'après la loi de 1882 sur ce qui appartient ou peut appartenir aux femmes mariées, toutes les actions qui, au 1er janvier 1883, époque de la mise en vigueur de cette loi, se trouvaient, ou se trouvent depuis cette date, appartenir ou avoir été transférées à des femmes mariées, sont considérées, *prima facie*, comme étant leur propriété personnelle, séparée de la communauté et qui leur appartient absolument comme si elles s'étaient mariées sous le régime dotal.

Elles ont tout pouvoir pour en effectuer le transfert, pour en toucher les dividendes, etc., sans l'intervention de leur mari, tout comme si elles n'étaient pas mariées ; et les droits ci-dessus mentionnés subsistent tels quels, quand bien même, au lieu d'être seules propriétaires de ces actions, elles les posséderaient en commun avec d'autres personnes.

La loi n'a pas eu d'effet rétroactif en ce qui regarde les droits du mari sur les actions inscrites au nom de sa femme avant le 1er janvier 1883 ; mais si le mari veut protéger ses intérêts, il fera en sorte qu'elles soient inscrites en son nom, car aussi longtemps qu'elles le sont au nom de sa femme, ce sont les droits de sa femme qui prévalent sur les siens.

CHAPITRE IX

ACTIONS ET ACTIONNAIRES — STOCK — CAPITAL

APPELS DE FONDS. — DÉCHÉANCE D'ACTONS. — ACTIONS LIBÉRÉES. — SHARE WARRANTS. — STOCK. — AUGMENTATION DU CAPITAL. — RÉDUCTION DU CAPITAL.

Il est d'usage de stipuler dans les prospectus qu'il ne sera fait qu'un petit versement en souscrivant, qu'une somme beaucoup plus forte sera payée immédiatement après la répartition des actions, et on indque à quelle date auront lieu les autres versements.

Si ces époques de paiement et le montant des versements ne sont pas spécifiés, c'est aux administrateurs de les déterminer en Conseil où il est passé une résolution, déclarant qu'il est fait un appel de tant par action, et que ce versement sera effectué à telle époque, chez les banquiers de la Compagnie, domiciliés à tel endroit.

On donne avis de cet appel de fonds en disant qu'il est fait par suite d'une résolution du Conseil, en indiquant l'époque et l'endroit où se fera le paiement. Cet avis est signé par le secrétaire et envoyé à chaque actionnaire.

Grand soin sera pris de faire ces appels de fonds en se conformant à toutes les formalités voulues, et de garder la preuve que l'avis de ces appels a été transmis à chaque actionnaire.

Dans le cas où le Conseil ajouterait à leur résolution des instructions quelconques pour assurer la ponctualité du versement, il est à désirer qu'on fasse courir l'intérêt sur le versement à tant pour cent par an, à partir du jour où il avait à être effectué ; on ajoute cette stipulation à la résolution, et à l'avis qu'on envoie aux actionnaires, et on en informe les banquiers, car, s'il y avait un retard un peu sérieux, l'intérêt sur un certain capital représenterait un chiffre assez important.

Les Articles d'Association prévoient le cas où un versement ne serait pas opéré à l'époque fixée, et donnent aux Administrateurs le pouvoir de notifier à l'actionnaire retardataire que, faute par lui de faire ce versement, ses actions seront frappées de déchéance. (Voir table A, clauses 17 à 22.)

La déchéance met à néant les droits de l'actionnaire sur ses actions ; mais il reste responsable des sommes dues au moment de la déchéance.

Ce pouvoir de frapper de déchéance les actions est des plus soigneusement déterminé ; la moindre omission, ou la plus petite erreur l'annule. Si, par exemple, un avis régulier n'est pas envoyé, ou si les administrateurs faisant l'appel de fonds, ou décidant la déchéance des actions, n'ont pas été régulièrement nommés et

« qualifiés », l'actionnaire déchu est en droit d'intenter un procès ou de demander à la Cour d'intervenir pour le faire réinscrire sur le registre des actionnaires. Dans le cas où les administrateurs, sans motifs valables, menaceraient de frapper de déchéance les actions d'un membre de la Compagnie, si par exemple, ils lui demandaient de faire un versement qui ne lui a pas été régulièrement notifié, il pourrait demander au tribunal une injonction pour prévenir la déchéance.

Les administrateurs ont qualité pour recevoir de l'argent en paiement de versements par anticipation, et pour servir un intérêt sur ces paiements anticipés, ou pour payer des dividendes sur ces sommes comme les y autorise la section 24 de la loi de 1867.

Une Compagnie, si elle y est autorisée par les règlements, tels qu'ils ont été rédigés dans le principe, ou par les modifications introduites dans ses règlements par des résolutions spéciales, peut émettre des *Share-Warrants to Bearer,* c'est-à-dire des certificats témoignant que le porteur a droit à telle action, ou à tel nombre d'actions, ou à tel montant de « stock ».

Ces warrants ou certificats sont des titres négociables qui passent de main en main par simple tradition, et ils ne peuvent pas être émis qu'en représentation d'actions libérées ou en représentation de stock.

Comme il n'y a pas de transfert possible, quand ces titres changent de propriétaire, le gouvernement perd le droit fiscal qu'il toucherait s'il y avait transfert, c'est pourquoi la loi dit que le droit de timbre à payer sur chaque share-warrant, doit être de trois fois le montant qui devrait être perçu sur un transfert des actions spécifiées dans le warrant, d'après leur valeur nominale ; et un autre Acte du Parlement inflige une amende de cinquante livres sterling à toute Compagnie ou à tout fonctionnaire de compagnie qui émettrait un share-warrant non revêtu du timbre légal constatant que ce triple droit a été payé.

Il y a différents inconvénients à avoir des titres au porteur, et c'est ce qui fait qu'on en émet rarement ; en voici un exemple : comme le nom du détenteur du titre au porteur n'est pas inscrit dans les registres, la Compagnie ne peut pas prendre sur elle de lui donner avis spécial des assemblées générales ; c'est donc à lui, s'il veut prendre part au vote lors de l'assemblée, de veiller et de savoir quand l'avis de convocation se fait, et de déposer son titre, ou ses titres, au siège social, à l'époque voulue, pour obtenir un certificat qui lui permette d'assister à l'assemblée où il pourra jouir comme votant des droits attachés aux actions que représente son warrant.

Un share-warrant, même quand il représente le nombre voulu d'actions pour remplir les fonctions d'administrateur, ne donne pas à celui qui en est porteur la qualification requise pour faire partie du Conseil d'administration. Mais l Acte du Parlement autorise celui qui a un *Share-warrant to bearer* à y renoncer, et à l'échanger contre des actions nominatives.

Les share-warrants émis doivent être entrés dans le registre des membres, et les détails qui s'y rapportent sont publiés dans le sommaire annuel.

Le mot *Stock*, quand on l'emploie pour désigner capital, semble ne pas avoir d'équivalent en français. On le traduit quelquefois par « capital consolidé » ; mais cette expression donne à peine une idée de sa véritable signification. Un exemple va le montrer plus clairement. Les actions d'une Compagnie sont indivises, et, par conséquent, un actionnaire ne peut ni vendre une part de son action, ni transférer moins d'une action; mais supposons que B soit détenteur de dix actions de 10,000 francs chacune d'une Compagnie dont toutes les actions sont libérées et que la Compagnie ait le droit de convertir ses actions libérées en *stock*, et de délivrer à B un certificat témoignant qu'il est propriétaire de stock jusqu'à concurrence de 100,000 francs; avec ce document, il lui est permis de déléguer toute portion, petite ou grande de ce montant à une tierce personne quelconque par un transfert régulier sans qu'il ait à s'occuper de ce qu'était primitivement le montant nominal des actions.

Les prévisions de l'Acte qui permet l'émission des share-warrants s'étendent également au stock, et B, au lieu d'obtenir un certificat entraînant, lors de chaque changement de propriétaire, la signature et l'enregistrement d'un transfert, peut, s'il le préfère, obtenir un share-warrant indiquant que le porteur a droit à 100,000 francs de stock; et ce warrant, par simple tradition, devient un titre de propriété; mais comme de juste, si on ne se défait que d'une partie du montant total, il y aura de nouveaux warrants, l'un pour l'acheteur, et l'autre pour le vendeur.

Il sera pris note dans le registre des membres de la conversion des actions en stock; cette conversion sera consignée également dans le relevé annuel, dont communication sera donnée au Registrar des Joint Stock Companies.

Une Compagnie peut augmenter son capital en émettant de nouvelles actions, mais seulement quand elle y est autorisée par ses Articles d'Association tels qu'ils étaient rédigés primitivement, ou étendus par une résolution spéciale.

Avis de toute augmentation de capital sera donné au *Registrar* dans les quatorze jours qui suit le jour où cette résolution est passée. Cette notification sera signée par le secrétaire et par l'un des Administrateurs et sera revêtue non seulement du timbre ordinaire de cinq shillings pour l'enregistrement, mais du droit *ad valorem* exigé d'après l'état des droits fiscaux (page 185) qui portera sur la totalité du nouveau capital.

Si les Articles le permettent, les actions du nouveau capital pourront être émises sous forme d'actions de préférence. Mais il ne faut pas manquer d'être très prudent, car la nature des privilèges attachés à de nouvelles actions dépend surtout des termes dans lesquels est conçue l'autorisation d'émettre ces titres.

Il est aussi loisible, dans certains cas, d'émettre ces nouvelles actions au-dessous du pair, mais alors il est nécessaire qu'un contrat ait été enregistré avant l'émission des titres, conformément aux clauses de la section 25 de la loi de 1867.

Il y a plusieurs choses à considérer quand il s'agit de la réduction du capital d'une Compagnie :

1° Si les actions ne sont pas complètement libérées, c'est-à-dire, par exemple, s'il s'agit d'actions de dix livres, sur lesquelles cinq livres seulement ont été payées, il se peut qu'on désire diminuer, de trois livres par titre, la responsabilité de chaque actionnaire, qui n'aura plus que deux livres par titre à payer ; ou qu'on veuille supprimer entièrement la responsabilité afférente aux cinq livres restantes, ce qui fera que chaque action sur laquelle cinq livres auront été versées, sera, par le fait, une action complètement libérée ;

2° D'autres fois, on rend aux actionnaires une portion du capital qu'ils ont versé, ou bien, on divise le capital existant en actions d'un montant inférieur ;

3° Ou bien, une partie du capital a été perdue et on l'annule comme si elle n'avait jamais existé ;

4° Il y a aussi diminution du capital quand on annule un certain nombre d'actions frappées de déchéance pour non-paiement du capital qu'elles représentent.

Toute réduction sera autorisée par les Articles d'Association de la Compagnie, et elle ne s'effectuera qu'en vertu d'une résolution spéciale ; et encore ne pourra-t-elle avoir lieu que si une pétition a été présentée à cet effet et que la Cour de Chancellerie a rendu une ordonnance autorisant cette réduction.

Pour demander à la Cour l'approbation de la réduction du capital d'une Compagnie, on insère dans la *London Gazette* et dans d'autres journaux une notification de cette pétition, dont communication doit être faite aux créanciers et à toute partie affectée par cette mesure ; et les créanciers peuvent comparaître devant la Cour et former opposition à cette demande.

Aucune Compagnie n'a le droit, à moins d'autorisation spéciale, de se dispenser d'ajouter à son titre le mot de “ *reduced* ”, c'est-à-dire à capital réduit ; et ce mot, elle doit l'ajouter à son titre, aussi longtemps que la Cour le juge convenable ; et la Cour peut en outre requérir la Compagnie d'avoir à publier les raisons et les causes de cette détermination prise pour diminuer son capital et de fournir aussi tous les détails les plus complets à cet égard.

Il est indispensable que, préalablement, il y ait eu enregistrement officiel d'un exposé indiquant que toutes les formalités requises pour la réduction du capital ont été remplies, autrement, cette réduction du capital ne saurait avoir lieu.

La sanction légale de la réduction du capital d'une Compagnie ne s'obtient qu'au prix de beaucoup de démarches et de beaucoup de formalités techniques ; la résolution, la pétition et les annonces devront être rédigées soigneusement par un Solicitor expérimenté, et toutes les mesures nécessaires seront prises sous sa direction et sous son contrôle.

CHAPITRE X

ASSEMBLÉES GÉNÉRALES

(PREMIÈRE PARTIE)

DES ASSEMBLÉES GÉNÉRALES ORDINAIRES ET OBLIGATOIRES. — DES ASSEMBLÉES GÉNÉRALES EXTRAORDINAIRES. — DROIT DE LES CONVOQUER.

Dans les chapitres précédents, nous avons considéré les droits de l'actionnaire, en tant qu'actionnaire individuel. Nous allons maintenant considérer quels sont les droits et les pouvoirs des actionnaires, agissant collectivement en assemblée générale.

Une assemblée générale est la réunion de tous les actionnaires d'une Compagnie, dûment convoqués conformément aux stipulations des lois des Compagnies et aux Articles d'Association qui veulent que ces assemblées aient lieu, tout en laissant aux actionnaires la faculté d'y venir ou de n'y pas venir, et d'y voter personnellement ou par procuration.

D'après la clause 49 de la loi de 1862, les Compagnies n'étaient tenues à avoir obligatoirement qu'une seule assemblée générale par an, quoique la section 29 de la table A annexée à cette loi dise que la première assemblée générale statutaire se tiendra moins de six mois après l'enregistrement de la Compagnie.

La loi de 1867, cependant, exige (section 39), que la première assemblée générale se tienne moins de quatre mois après l'enregistrement de la Compagnie, et tous les administrateurs, gérants et signataires du Mémorandum d'Association, qui, sciemment, autorisent ou permettent qu'on enfreigne cet ordre de tenir une assemblée statutaire, sont passibles chacun personnellement d'une amende de cinq livres sterling (125 fr.) par jour (au maximum) à compter de l'expiration de ces quatre mois.

Cette assemblée est donc obligatoire, quoique très souvent ce soit une assemblée à peu près inutile et qu'on tient seulement pour la forme, attendu que peu de Compagnies, à moins que leur prospectus n'ait été lancé et que leur capital n'ait été souscrit, presque immédiatement après leur constitution, sont assez avancées dans leurs plans et arrangements pour que le Conseil d'Administration soit en état, alors que la Compagnie est si jeune, de faire autre chose, dans cette première assemblée, que des déclarations plus ou moins vagues.

Après cette assemblée, la Compagnie avant l'expiration d'une période de huit mois, c'est-à-dire avant qu'une année se soit écoulée depuis son incorporation, et ainsi de suite, chaque année, aussi longtemps qu'elle dure, convoquera une assemblée générale d'actionnaires pour considérer les affaires et la situation générale.

Les Articles d'Association peuvent stipuler que les

assemblées générales ordinaires seront plus fréquentes ; mais, de fait, il n'y en a qu'une, chaque année, qui soit obligatoire et c'est celle-là qu'ordonne la section 49 de la loi de 1862.

Il convient qu'on n'oublie pas de se reporter aux règlements contenus dans la table A, clauses 29 à 51, qui, quoique modifiés dans les Articles spéciaux pour cadrer avec les besoins particuliers de la Compagnie suivant les circonstances qui peuvent se présenter, forment néanmoins une base sur laquelle tous les règlements de Compagnies doivent plus ou moins s'appuyer.

Il est fréquemment stipulé, comme dans la clause 30 de la table A, que la Compagnie doit, dans les assemblées générales, indiquer à la fois l'époque et l'endroit où les assemblées générales à venir se tiendront ; mais, dans les Articles spéciaux, on fixe habituellement un mois, un peu avant l'expiration de l'année qui suit l'enregistrement de la Compagnie, laissant aux administrateurs le soin de désigner le jour de ce mois où se réuniront les actionnaires.

Il y a deux sortes d'assemblées générales : l'assemblée générale ordinaire et obligatoire, et l'assemblée générale extraordinaire ou spéciale ; et aucune affaire d'un caractère extraordinaire ne peut être discutée dans une assemblée générale ordinaire, si l'avis de convocation ne spécifie pas distinctement l'intention de l'examiner.

La même assemblée peut être à la fois ordinaire et extraordinaire, c'est-à-dire ordinaire pour la considération des affaires ordinaires de la Compagnie, et extraordinaire pour les délibérations sur toute affaire spéciale annoncée dans l'avis de convocation ; et s'il arrive que la date et le lieu de l'assemblée coïncident avec la tenue de l'assemblée générale ordinaire, l avis de convocation portera que l'assemblée générale ordinaire aura lieu tel jour, à telle heure, en tel endroit où se discuteront les affaires ordinaires de la Compagnie, et qu'immédiatement après, aura lieu une assemblée générale extraordinaire pour discuter les autres affaires.

Avis de toute assemblée générale, qu'elle soit ordinaire ou extraordinaire, sera communiqué à chaque actionnaire, pendant la période prescrite, et de la manière fixée par les Articles d'Association ; et tous les avis de convocation diront d'une façon concise la nature des affaires qu'on traitera ou discutera, c'est-à-dire indiqueront l'ordre du jour.

Cet avis est donné ordinairement sept jours avant l'assemblée, conformément à l'article 35 de la table A qui dit :

« Un avis spécifiant l'endroit, le jour et l'heure de » l'assemblée, et en cas de questions spéciales, la nature » générale de ces questions, sera signifié au moins sept » jours auparavant, aux membres de la manière ci- » après mentionnée, etc., etc. »

Les administrateurs feront attention à ce que cet avis renferme la notification de toute résolution qu'ils ont l'intention de présenter, mais tout membre qui a l'intention de proposer une résolution, soit qu'il s'agisse de modifier une résolution précédemment passée, ou de traiter à une autre question quelconque qui touche aux intérêts et aux affaires de la Compagnie, aura à prendre soin de remettre une copie de sa résolution au secrétaire quelques jours avant que l'assemblée ne se tienne, de façon à ce que sa résolution soit imprimée dans l'avis de convocation d'assemblée.

Cette proposition de résolution fait alors partie des délibérations de l'assemblée et il est du devoir des administrateurs d'insérer dans l'avis de l'Assemblée générale suivante, soit que l'assemblée soit ordinaire ou extraordinaire, le texte de cette résolution qui sera l'objet de délibération à titre de question spéciale.

Il est opportun de dire ici que lorsqu'on délibère sur une résolution dont avis a été donné il est loisible à tout actionnaire de présenter un amendement et de provoquer une discussion, mais il est de toute nécessité que cet amendement porte sur le point même qui fait l'objet de l'avis.

Il ne faut pas oublier que toute résolution qu'on désire voir adoptée sera nulle, si ce qu'elle dit dépasse le sens exact des mots de l'avis de convocation de l'Assemblée. En conséquence, les avis et les résolutions qu'on a l'intention de proposer seront libellés de telle façon que la résolution puisse être prise et passée, suivant la détermination des actionnaires.

Par exemple, un avis qui dit dans l'ordre du jour qu'on soumettra à l'assemblée une proposition à voter une augmentation du capital, devrait, s'il spécifie une somme, ajouter que cette somme sera, ou plus grande ou plus petite, suivant que le décidera l'assemblée; autrement, les votes ne pourraient s'appliquer qu'à l'augmentation de la somme mentionnée ; et si les actionnaires n'étaient pas d'accord pour adopter ce chiffre d'augmentation, la proposition devrait être écartée, et on ne voterait aucune augmentation de capital.

La date de l'avis de convocation ne part pas du moment où on le met à la poste, mais du moment où les actionnaires le reçoivent ou sont censés le recevoir.

Si la table A sert d'articles statutaires, cet avis sera conforme aux stipulations des clauses 35, 95, 96 et 97, ou aux prévisions des Articles spéciaux qui auront été enregistrés.

Les affaires ou les discussions susceptibles d'être l'objet d'une assemblée générale ordinaire sont :

1° La lecture du procès-verbal de l'assemblée générale précédente ;

2° L'examen et la vérification des comptes, du bilan et du rapport des directeurs ;

3° La question de la répartition d'un dividende ;

4° La réélection des administrateurs et censeurs qui se retirent, ou des personnes qualifiées pour les remplacer ; et si les articles n'ont pas fixé la rémunération des administrateurs, les actionnaires règlent ce point en assemblée générale.

Toutefois, voici des questions, qui ne relèvent que des assemblées extraordinaires ; et l'avis de convocation spécifiera qu'elles y seront examinées, discutées et résolues. Ce sont : l'augmentation ou la réduction du capital ; le remplacement, en cas de mort ou d'événement imprévu, d'un administrateur ou d'un censeur ; le changement de nom de la Compagnie ; les modifications des Articles d'Association, ou l'adoption de nouveaux règlements ; le développement des pouvoirs de la Compagnie ou des administrateurs pour contracter des emprunts.

Ces questions et, par le fait, toutes les affaires autres que celles que nous venons de décrire comme étant du domaine des assemblées générales ordinaires, seront considérées comme spéciales et ne seront jamais débattues en assemblée générale ordinaire, à moins que l'avis n'ait dûment signifié qu'on les examinera comme questions extraordinaires.

La table A et tous les articles spéciaux contiennent des clauses relatives aux convocations d'assemblées générales extraordinaires par les administrateurs eux-mêmes quand ils le jugent nécessaire pour les intérêts de la Compagnie.

Ainsi, chaque fois qu'ils pensent qu'il est bon de modifier les règlements ou les arrangements pris par la Compagnie, ils font tenir des assemblées pour avoir l'opinion des actionnaires sur ces questions, et aussi sur celles qui touchent à des acquisitions ou à des cessions d'affaires ou de privilèges de la Compagnie en faveur d'une autre Compagnie.

Mais il arrive parfois que les actionnaires, mécontents de la gestion des affaires de la Compagnie, désirent, de leur côté, convoquer une assemblée générale pour considérer ce qu'il y a à faire.

Tous les Articles devraient prévoir le cas où les administrateurs, sur une réquisition signée par un certain nombre d'actionnaires, ont à prendre les mesures nécessaires pour convoquer une assemblée générale extraordinaire ou pour autoriser ces actionnaires à convoquer eux-mêmes l'assemblée à cet effet.

Il est souvent difficile, surtout quand les actionnaires sont dispersés à l'étranger, de faire signer cette réquisition ; mais, de même que, dans le cas de pétitions adressées au Parlement, le fait seul de signer séparément des copies identiques présentées ensemble en nombre suffisant, rend la réquisition légale, tout comme si un seul exemplaire de ce document était signé par tous ces actionnaires collectivement. Ces réquisitions seront rédigées avec un soin très strict et très minutieux, car les administrateurs ont à en suivre le texte, en convoquant l'assemblée, et les actionnaires qui veulent que cette assemblée se tienne manqueraient complètement leur but, si l'objet, qu'ils se proposent, n'était pas indiqué dans les termes voulus.

Si le Conseil néglige de convoquer l'assemblée dans les délais prescrits par les Articles d'Association, les signataires de la réquisition prendront des mesures pour le faire, conformément aux règlements de la Compagnie, et cela, aussi bien en ce qui touche l'époque de l'assemblée, que relativement au contenu et à la notification de l'avis de convocation.

Mais la rédaction de cette réquisition et des résolutions qu'on se propose de passer, et aussi la ligne de conduite qu'on doit adopter sont des sujets très délicats, et il ne serait pas prudent de s'aventurer à se passer de l'avis d'une personne expérimentée dans ces questions légales.

Les clauses 29 à 43 de la table A présentent des modèles de règlements qui, modifiés, sont adoptés dans presque tous les Articles en ce qui touche la procédure qu'on a à suivre dans les assemblées générales. Ce dernier point sera du reste le sujet du chapitre suivant.

CHAPITRE XI

ASSEMBLÉES GÉNÉRALES

(DEUXIÈME PARTIE)

FORMALITÉS A OBSERVER ET PROCÉDURE A SUIVRE DANS LES ASEMBLÉES GÉNÉRALES. — DROIT DE VOTER. — MANÈRE DE VOTER EN PERSONNE OU PAR PROCURATION. — RÉSOLUTION SPÉCIALE. — RÉSOLUTION EXTRAORDINAIRE.

Le préident du Conseil d'administration, d'après les Articles d'Association, est ordinairement nommé pour présider les assemblées générales, mais s'il ne se trouve pas là au moment voulu, les actionnaires choisissent desuite un président.

La première chose à faire, pour le président d'une assemblée générale, est de s'assurer que le nombre des actionnaires présents est suffisant pour constituer une assemblée dont les résolutions soient valables ; et si au bout d'un certain temps fixé par les règlements, le nombre des actionnaires n'est pas assez grand pour rendre l'assemblée légale et susceptible de prendre des résolutions valides, l'assemblée s'ajourne à une autre époque déterminée par les Articles d'Association.

Mais s'il y a un *quorum,* c'est-à-dire si le nombre voulu d'actionnaires se trouve là, le secrétaire donne lecture de l'avis de convocation de l'assemblée et des procès-verbaux de l'assemblée générale précédente, qui, à moins que ce ne soit point l'opinion de l'assemblée, sont signés par le président comme documents authentiques, deviennent officiels et constituent une preuve légale d'après la section 67 de l'Acte de 1862.

La lecture de ces pièces est simplement une formalité de régularité, une constatation que la rédaction des procès-verbaux est conforme à ce qui s'est dit et s'est passé au cours de l'assemblée précédente. Aucune discussion ne peut avoir lieu à propos des affaires traitées dans l'assemblée générale précédente, ou de la politique qu'on y a adoptée, à moins qu'avis n'ait été signifié de l'intention qu'on a de proposer qu'une résolution passée précédemment en assemblée générale soit rappelée ou modifiée, et dans ce cas la discussion sera considérée comme une question spéciale.

On procède ensuite aux transactions ordinaires; le secrétaire donne lecture du rapport des administrateurs suivi des comptes et du bilan annexés, ou bien, si ce rapport a été publié et distribué avant l'assemblée, on fait, avec la sanction des actionnaires toutefois, comme s'il avait été donné lecture de ce rapport, et on passe outre.

Le président fait alors sur la situation des affaires de la Compagnie telles remarques qu'il juge nécessaires, et présente une motion, appuyée ordinairement par un autre administrateur, tendant à faire approuver le rapport par les actionnaires.

Tout actionnaire peut faire opposition au rapport, et exprimer son opinion sur la position dans laquelle se trouve la Compagnie d'après son bilan et d'après le rapport des administrateurs et censeurs ; c'est aussi le droit des actionnaires que de demander des explications aux administrateurs sur les affaires de la Compagnie ; après quoi, l'assemblée est consultée par le président qui l'invite « à recevoir et à adopter le rapport ».

Cette question, comme toutes les autres qui pourraient surgir, se résout en premier lieu par une levée de mains, ce qui correspond à donner son opinion comme cela se fait en France, par assis et levés, et la motion est adoptée ou repoussée. Mais il est à remarquer qu'en donnant ainsi son opinion, l'actionnaire ne compte que pour un, quoique, lorsqu'il s'agit de voter au scrutin, il a droit au nombre de votes accordé, selon les règlements de la Compagnie, aux actions dont il est détenteur. Observons en même temps que le président a toujours voix prépondérante.

Le président ayant déclaré le résultat de cette levée de mains, pour ou contre la motion, on peut, d'après les règlements qui renferment toujours une clause à cet effet, demander que l'assemblée fasse connaître son opinion, non plus par une simple levée de mains, mais par voie de scrutin ; seulement, en vue d'empêcher un vote inutile ou une perte de temps, cette demande doit être faite par le nombre ou la proportion d'actionnaires nécessaire d'après les règlements de la Compagnie.

Si le vote au scrutin n'a pas été demandé par le

nombre voulu d'actionnaires, la déclaration du président qu'une résolution a été passée constituera une preuve suffisante à cet effet.

Le président, avec la sanction des actionnaires, peut ajourner l'assemblée à telle autre date ou à tel autre endroit qu'on déterminera, et cette question d'ajournement est ordinairement décidée par une simple levée de mains.

A moins que les Articles d'Association n'en aient décidé autrement, on se passe de donner avis de l'ajournement d'une assemblée qui, par le fait, n'est que la continuation de la première assemblée ; mais dans cette assemblée ajournée il ne sera rien fait d'autre que ce qui est l'objet de l'ajournement, et que ce qui n'a pas été décidé dans la première assemblée en ce qui touche l'ordre du jour qui en était l'objet.

Quand une demande de vote par scrutin a été remise régulièrement au président, il a le droit, d'après les règlements, ou bien, de faire en sorte que le vote ait lieu immédiatement, ou d'ajourner l'assemblée dans le but de voter de la façon qu'il aura indiquée.

En cas de scrutin, deux actionnaires sont choisis pour prendre le nom des votants. On se reporte au registre des actionnaires pour s'assurer exactement du nombre d'actions dont chaque votant est propriétaire et du nombre de voix données à chacun par les Articles d'Association, proportionnellement au nombre de titres qu'il représente ; et les deux réviseurs du vote entrent sur un tableau à colonnes les noms de chacun des actionnaires votants, en personne ou par procuration, et les votes donnés pour ou contre par chacun d'eux.

Le Conseil d'Administration est astreint à produire toutes les procurations, de façon à ce que les actionnaires puissent les examiner, voir si elles ont été remplies convenablement et faire, s'il y a lieu, leurs objections à ce qu'on s'en serve, non seulement parce qu'elles n'auraient pas été, par exemple, déposées en temps opportun au siège social, mais parce qu'elles n'auraient pas été revêtues du timbre exigé par la loi, ou que le timbre adhésif n'aurait pas été oblitéré comme cela se doit, ou enfin pour d'autres erreurs ou défauts quelconques.

Les clauses 44 à 51 servent de modèle pour indiquer les conditions dans lesquelles le vote doit s'effectuer; mais, suivant les circonstances, on les modifie, on les change dans des articles spéciaux, pour les adapter plus convenablement aux besoins de la Compagnie. Ce sont les articles qui disent à combien de votes les actionnaires ont droit, suivant le nombre de titres dont ils sont propriétaires; mais voici quelles sont les conditions générales qu'on trouve dans la table A et qui sont adoptées dans presque tous les articles spéciaux.

a) On peut prendre part au vote, soit personnellement, soit par procuration écrite et dûment attestée (si cela est exigé), mais personne ne peut être fondé de pouvoirs s'il n'est lui-même actionnaire de la Compagnie.

b) Aucun actionnaire ne peut voter comme fondé de pouvoirs d'un autre actionnaire, s'il est en retard pour ses versements.

c) Pour avoir droit de voter, il faut être possesseur de ses actions, depuis au moins trois mois, ou depuis le minimum de temps que les Articles d'Association ont pu déterminer.

d) Si au lieu d'appartenir à une seule personne, l'action appartient à deux ou à plusieurs personnes, c'est celle dont le nom est le premier sur le registre des actionnaires, qui a le droit de vote.

e) La procuration sera déposée, au siège social de la Compagnie, quarante-huit heures avant l'assemblée où le fondé de pouvoirs votera ; ce délai peut être moindre si les Articles l'ont prévu ; en tout cas, il est important de voir à ce que la procuration soit déposée dans les délais légaux, autrement on ne pourrait en faire usage pour prendre part à l'assemblée.

La clause 51 du tableau A présente un modèle de procuration (voir appendice, page 201) et c'est ce modèle, ou quelque chose d'approchant qu'on emploie toujours. La procuration mentionnera la date de l'assemblée où on en fera usage, et elle n'est valable que pour cette assemblée, ou pour l'assemblée suivante, en cas d'ajournement.

Cette procuration sera complètement nulle, à moins qu'elle ne soit revêtue d'un timbre d'un penny soit imprimé, soit adhésif, et, dans ce dernier cas, le timbre sera annulé par la personne qui donne la procuration, en y apposant sa signature ou ses initiales ; et d'après la loi de 1870 sur les timbres, une amende de cinquante livres sterling (1,250 fr.) frappera toute personne qui vote, fait voter ou cherche à voter avec un pouvoir qui n'est pas dûment revêtu du timbre légalement requis.

Si une assemblée générale extraordinaire a lieu le même jour et au même endroit, après l'assemblée générale ordinaire, l'actionnaire qui désire se faire représenter dans les deux assemblées aura soin de signer deux procurations séparées et distinctes, qu'il aura remplies minutieusement comme cela se doit faire, car le pouvoir qui est bon pour une assemblée ne l'est pas pour l'autre.

Toute procuration, quand bien même elle aurait été déposée au siège de la Compagnie, peut être révoquée et annulée, en en donnant simplement avis en temps utile à la Compagnie ; ou bien l'actionnaire qui a donné ce pouvoir n'a qu'à assister à l'assemblée pour rendre nul ce pouvoir et voter comme il l'entend.

Toute Compagnie formée sous le régime de la loi de 1862 a, d'après les sections 51 et 52, le droit de prendre des résolutions spéciales, et ce privilège est un des plus importants que puissent exercer les Compagnies. C'est seulement par une résolution spéciale, que des Articles d'Association primitivement adoptés peuvent être modifiés, développés, ou que des pouvoirs nouveaux et additionnels peuvent être conférés aux Administrateurs.

Tout changement de nom de la Compagnie, toute augmentation ou réduction du capital, tous pouvoirs pour contracter des emprunts seront forcément autorisés par résolution spéciale.

Une résolution spéciale est une résolution adoptée dans une assemblée générale et confirmée dans une autre. La résolution sera adoptée par les trois quarts au moins des actionnaires présents en personne ou par procuration dans une assemblée générale convoquée par un avis portant à leur connaissance que telle ou telle résolution leur sera proposée ; et cette résolution devra être confirmée par la majorité des actionnaires dans une autre assemblée générale subséquente, ayant lieu quinze jours au moins, un mois au plus, après la première.

Un exemplaire dûment signé, de chaque résolution spéciale, sera déposé par la Compagnie au bureau d'enregistrement des Joint Stock Companies, et un exemplaire de chaque résolution spéciale en vigueur sera inséré dans tous les exemplaires de ses Articles qu'on viendrait à publier.

Une résolution « extraordinaire » ne peut servir qu'à permettre à une Compagnie dont les affaires périclitent, de se mettre en liquidation, ce qui empêche les saisies ou les revendications de privilèges. De cette façon, la mise en liquidation est plus rapide que si elle s'était effectuée tout simplement par résolution spéciale, parce que cela évite la confirmation de la résolution par une seconde assemblée.

La forme d'avis et le libellé de la résolution qu'on se propose de passer comme résolution extraordinaire nécessitent le même soin que s'il s'agissait d'une résolution spéciale, et cela exige de n'être fait qu'avec le concours d'un légiste habile, bien au courant, non seulement de la loi, mais des affaires de la Compagnie.

CHAPITRE XII

REGISTRES ET LIVRES QUE DOIT TENIR UNE COMPAGNIE

NOTIFICATIONS. — SOMMAIRE ANNUEL ET LISTE DES ACTIONNAIRES QU'UNE COMPAGNIE DOIT DÉPOSER. — AVIS ENVOYÉS A UNE COMPAGNIE OU PAR UNE COMPAGNIE.

Outre les livres de comptabilité que toute maison de commerce est astreinte à tenir régulièrement, les Compagnies ont des registres et livres spéciaux, dont quelques-uns, même, sont obligatoires d'après la loi ; ce sont :

1° Le Registre des membres (actionnaires), ainsi que l'exige la section 25 de la loi de 1862 ;

2° Le Grand livre sur lequel on voit, d'un coup d'œil, le nombre d'actions dont les membres de la Compagnie sont détenteurs, et le montant versé sur chacun ;

3° Le Registre où les actions sont entrées par ordre numérique, suivies du nom des personnes qui les détiennent ;

4° Le Registre à souche des certificats d'actions;
5° Le Registre des transferts ;
6° Le Livre des procès-verbaux des assemblées générales ;
7° Le Livre des procès-verbaux des réunions du Conseil d'administration ;
8° Le Registre des hypothèques.

1° Registre des membres. — Ce livre est le plus important de tous, et constitue *prima facie* un document qui fait preuve; il doit toujours être au siège social de la Compagnie.

Au chapitre VIII on trouvera une description de ce registre et de son contenu, et, on verra aussi quelles sont les mesures à prendre, dans le cas où un actionnaire se considérerait lésé parce que son nom aurait été mal entré dans ce registre, ou bien en aurait été omis; et on y verra quel remède il peut y apporter.

2° Grand livre. — Il n'est pas rare que le registre des membres et le grand livre des actions ne forment qu'un seul volume. Le grand livre montre par le fait, quel est le compte de chaque actionnaire vis-à-vis de la Compagnie, en ce qui touche les titres dont il est propriétaire; mais il n'est pas nécessaire que ces deux registres soient réunis, et, au contraire, cela présente l'inconvénient que voici : D'après la section 32 de la loi, tout actionnaire, gratuitement, et toute personne autre qu'un actionnaire, en payant 1 shilling, a le droit de compulser le registre des membres et d'en demander copie; mais cette section ne donne pas le droit de demander les détails du compte d'un actionnaire vis-à-vis la Compagnie, c'est-à-dire de s'enquérir s'il a fait ou non tous les versements échus ; de sorte que, si ces deux registres sont tenus séparément, l'état des comptes des actionnaires avec la Compagnie, ne peut être examiné par le premier venu, pour la somme d'un shilling ;

3° REGISTRE DES ACTIONS. — Ce livre, où chaque action est inscrite d'après son numéro d'ordre, est obligatoire d'après la section 22 de la loi de 1862 sur les Joint-Stock Companies ;

4° REGISTRE DES CERTIFICATS D'ACTIONS. — Les certificats d'actions sont imprimés sur des feuilles à souche sur lesquelles on inscrit tous les détails relatifs aux actions, et la date à laquelle elles ont été émises par le Conseil ; les souches portent aussi les initiales des administrateurs qui ont signé et du secrétaire qui a contresigné les certificats, ainsi que la date du jour où ils ont été délivrés ou envoyés par la poste à leurs détenteurs.

5° REGISTRE DES TRANSFERTS. — En sus du registre des transferts où sont inscrits les détails de tous les transferts enregistrés, on tient un album avec table alphabétique dans lequel les originaux de tous les transferts sont rangés dans leur ordre.

6° et 7° LIVRES DES PROCÈS-VERBAUX DES ASSEMBLÉES GÉNÉRALES ET AUSSI DES RÉUNIONS DU CONSEIL D'ADMINISTRATION. — Outre ces deux livres de procès-verbaux, il est bon de tenir un agenda et un livre de présence aux réunions du Conseil d'administration ;

8° REGISTRE DES HYPOTHÈQUES.

Si on émet des obligations qui constituent une charge ou une hypothèque sur l'actif de la Compagnie, ou bien, si toute autre hypothèque a été prise pour donner une garantie au vendeur ou à toute autre personne, on l'inscrit sur le registre des hypothèques, qui est toujours accessible à l'inspection des actionnaires, et des créanciers de la Compagnie. Il n'y a rien dans la loi qui donne à d'autres personnes que celles-là le droit d'inspecter le registre des hypothèques.

La section 26 de la loi de 1862 exige que toutes les Compagnies préparent chaque année un document qu'on appelle « sommaire du capital et des actions », et qui renferme les détails suivants :

1° Le montant du capital de la Compagnie et le nombre d'actions qui le représentent;
2° Le nombre d'actions souscrites, à partir du jour où la Compagnie a été formée jusqu'à celui de la rédaction du sommaire ;
3° Le montant des versements effectués sur chaque action ;
4° Le montant des sommes reçues de ce chef;
5° Le montant des versements à effectuer.

A ce document on annexe une liste de tous les actionnaires de la Compagnie, liste qui comprend non seulement leurs noms et prénoms, mais leur adresse, et profession ou qualité, avec mention du nombre d'actions dont chacun est détenteur, et aussi les noms, adresses, profession ou qualité de toutes les personnes qui ont cessé d'être actionnaires de la Compagnie depuis l'époque où la dernière liste d'actionnaires a été faite, et on y indique le nombre d'actions dont chacune de ces personnes était détentrice et les dates de transfert de ces actions.

Le modèle de ce Sommaire et de cette liste se trouvent page 205.

Ce document est signé à la dernière page par le secrétaire, le président du Conseil ou tout autre fonctionnaire de la Compagnie ayant pouvoir à cet effet. Il est revêtu d'un timbre d'enregistrement de cinq shillings et transmis au *Registrar des Joint Stock Companies,* dans les vingt et un jours qui suivent l'assemblée générale annuelle. Faute de se conformer à ces prescriptions, on devient passibles de graves pénalités.

Le Conseil veillera, comme cela a été expliqué, à ce qu'on donne au Registrar signification de l'endroit où est établi le siège social de la Compagnie, et de chaque changement de domicile et aussi à ce que toutes les résolutions spéciales, passées aux assemblées générales de la Compagnie, soient dûment enregistrées au bureau des Joint Stock Companies.

Si la Compagnie obtient du *Board of Trade* la permission de changer de nom, elle enregistrera cette autorisation, avec une lettre demandant au *Registrar* d'en donner certificat.

Toute rectification du registre sera notifiée et enregistrée; et, toute résolution spéciale ou extraordinaire de mise en liquidation de la Compagnie, ou toute ordonnance à cet effet, sera également enregistrée; et, quand la liquidation est terminée, l'ordonnance de dissolution de la Compagnie ainsi que le rapport final et le relevé du liquidateur qui y sont joints doivent aussi être enregistrées.

Différentes notifications seront faites de temps à autre aux actionnaires au nom des Compagnies; telles sont, par exemple : les avis d'appels de fonds, ceux de convocations d'assemblées générales, ceux qui annoncent une répartition de dividende, ou bien les avis de déchéance de telles ou telles actions sur lesquelles les versements n'ont pas été effectués; les Articles d'Association disent toujours comment ces notifications seront rédigées et faites.

La table A, par exemple, dit, aux articles 95 à 97, que ces avis seront remis, soit à l'actionnaire en personne, soit autrement par lettre affranchie; et quand l'action appartient à plusieurs personnes, c'est au premier actionnaire en nom sur le registre qu'est envoyé l'avis qui est censé être communiqué aux autres coactionnaires. Il est aussi stipulé que lorsqu'un avis est envoyé par la poste, il est considéré comme ayant été notifié à l'heure ordinaire de la distribution des lettres dans la localité. Il suffit de prouver que la lettre contenant cet avis a été convenablement adressée et mise à la poste.

Quand les actionnaires sont dispersés dans différents pays, il est évident que ces notifications ne parviennent à certains d'entre eux que très tard, et même quelquefois s'il s'agit d'un avis de convocation d'assemblée générale, qu'après l'assemblée elle-même; aussi veillera-t-on à ce que les articles contiennent une clause prescrivant que chaque actionnaire élira dans le Royaume-Uni un domicile, où lui seront transmises toutes les communications de la Compagnie, faute de quoi, tout avis lui sera adressé au siège social de la Compagnie, et sera, par cela même, considéré comme suffisant.

Toutes ces communications sont *ad libitum* manuscrites ou imprimées, ou bien, sont en partie manuscrites et le reste imprimé. Si un avis indique un certain nombre de jours à courir, soit pour une assemblée, soit pour un versement, il s'écoulera exactement le nombre de jours pleins mentionné dans l'avis, qui sépare la date de la réception de cet avis, du jour de l'assemblée ou du paiement à effectuer. Il est donc prudent de mettre toujours ces avis à la poste un ou deux jours avant la date, à partir de laquelle court le nombre de jours pleins indiqué.

Il est bon de prendre soigneusement note de tous les avis qu'on a mis à la poste, pour éviter qu'il y ait contestation; et quand il s'agit de frapper de déchéance des actions, on envoie des copies de toute notification, non seulement au domicile élu par l'actionnaire, s'il n'est pas dans le Royaume-Uni, mais aussi à l'adresse qu'il a indiquée comme son domicile actuel.

D'après les sections 62 et 64 de la loi de 1862, la signification de toute assignation, de tous avis, ordonnance, jugement ou autres documents à notifier à une Compagnie, s'effectue en les laissant, ou en les envoyant par la poste, sous enveloppe affranchie, à l'adresse de la Compagnie, à son siège social.

Les assignations, avis, jugements et autres documents dont l'authenticité doit être constatée par la Compagnie veulent la signature d'un administrateur, du secrétaire ou d'un fonctionnaire de la Compagnie autorisé à cet effet; cette légalisation n'a pas besoin d'être revêtue du sceau de la Compagnie et elle est manuscrite ou imprimée, ou bien encore, en partie manuscrite et en partie imprimée.

CHAPITRE XIII

DIVIDENDES — COMPTABILITÉ

DIVIDENDES. — SYSTÈME DE COMPTABILITÉ. — EXPOSÉ ET BILAN ANNUELS. — VÉRIFICATION PAR LES CENSEURS. — DROITS D'INSPECTER LES LIVRES D'UNE COMPAGNIE.

Tous les Articles d'Association doivent, en conformité de la clause 72 de la table A, donner un pouvoir spécial aux administrateurs pour déclarer un dividende, mais à condition, toutefois, que les actionnaires le sanctionneront en assemblée générale ; ces articles disent aussi d'une façon très précise, comme le fait la clause 73, qu'aucun dividende ne doit être distribué s'il ne provient du surplus des bénéfices réalisés sur les opérations de la Compagnie après service de l'intérêt sur toutes hypothèques et sur toutes obligations émises. Comme de juste, en déclarant un dividende, les droits des détenteurs d'actions de préférence priment ceux des autres actionnaires, mais il est illégal de distribuer, même à ces actionnaires-là, un dividende pris sur le capital.

Des clauses semblables à celles des sections 74 à 77 devraient aussi être adoptées, de façon à ce qu'il soit créé un fonds de réserve pour parer aux éventualités, compléter des dividendes, ou faire face aux frais spéciaux de dépenses d'entretien ou de réparation. Il est bon qu'il soit stipulé que, sous aucun prétexte, sous aucun motif, cet argent de la réserve ne sera placé sur les actions ou sur la propriété de la Compagnie, mais qu'il le sera sur d'autres valeurs de tout repos.

Les administrateurs auront aussi la faculté de défalquer de tout dividende payable aux actionnaires les sommes dont ceux-ci pourraient être redevables envers la Compagnie, pour versements non effectués ou pour toute autre cause, et, au bout d'un certain temps, de frapper de déchéance les dividendes qui n'ont pas été réclamés; et on n'oubliera pas de stipuler que ces dividendes ne portent pas intérêt.

Tous les actionnaires seront dûment avisés de toute déclaration de dividende, et recevront, en temps utile, un chèque ou un coupon de dividende.

Quand les règlements de la Compagnie contiennent une clause en conformité de la clause 96 de la table A, il suffit, dans le cas où une action appartient à plusieurs propriétaires, d'envoyer l'avis de déclaration de dividende au membre dont le nom figure le premier sur le registre des membres, mais n'importe qui d'entre ces co-propriétaires a le droit de recevoir le paiement du dividende sur cette action et de donner à la Compagnie un reçu en décharge valable.

Il est désirable que les articles renferment une clause donnant pouvoir aux administrateurs de déclarer un dividende provisoire, en à-compte sur le dividende annuel, si toutefois la situation de la Compagnie leur semble être de nature à ce qu'ils soient autorisés à le faire. Ceci est avantageux, non seulement au petit capitaliste qui n'est pas fâché de toucher son revenu à des intervalles plus fréquents que si on ne faisait qu'une répartition annuelle, mais aussi au crédit de la Compagnie, que ces paiements maintiennent en bonne réputation, en même temps qu'ils augmentent la valeur de ses actions sur le marché.

A moins que les règlements de la Compagnie, ou les conditions dans lesquelles les souscriptions ont été obtenues ne s'y opposent, les actionnaires ont droit de toucher leurs dividendes, proportionnellement au montant nominal des actions dont ils sont porteurs. Ceci est assez juste, puisque la même somme est payée sur toutes les actions. A moins d'un pouvoir spécial, le vendeur qui aurait reçu en paiement de ses apports des actions libérées, ne recevra comme actionnaire que ce que reçoivent les autres actionnaires qui ont effectué une partie seulement de leurs versements.

Mais, si on veut que les actions données en paiement d'apports ou que telles autres actions dont les administrateurs ont perçu le montant intégral par anticipation, reçoivent un dividende plus fort que celui des autres actions non complètement libérées, une clause des articles dira que les dividendes seront payés proportionnellement au montant payé, ou considéré comme payé sur ces actions.

Quelquefois, le cas est prévu, où, sur les bénéfices, un intérêt de 5 0/0 par exemple sera payé au capital versé, ou considéré comme versé, et que le surplus sera divisé au *prorata* entre les autres actions.

En lançant un prospectus, il est d'usage qu'on s'assure les services de comptables experts et connus par leur expérience et leur savoir, et dont les noms soient pour le public une garantie que la comptabilité sera bien établie et bien tenue, et que le système de tenue des livres que comporte la nature des affaires de la Compagnie sera, dès le commencement des opérations de la Compagnie, adopté sous les auspices de ces comptables.

Il n'est pas absolument indispensable de suivre strictement les instructions que contient la clause 78 de la Table A (page 177), sur la manière de tenir les comptes; mais il faut qu'on les tienne et qu'on les présente d'une façon aussi claire que possible, pour qu'ils fassent bien voir en tout temps la vraie position des affaires de la Compagnie.

La comptabilité d'une Compagnie, quand elle est régie d'après les clauses de la table A, et aussi presque dans tous les autres cas, est apurée par deux censeurs dont l'un est un comptable expert, et l'autre un actionnaire choisi parce qu'il est au courant des affaires et de la tenue des livres; et la coutume est qu'un des censeurs soit le comptable qui a ouvert la comptabilité de la Compagnie, le choix de l'autre étant laissé aux personnes qui, pendant la première année des opérations de la Compagnie, remplissent les fonctions d'administrateurs.

Dans la première assemblée générale ordinaire et dans toutes les assemblées générales ordinaires suivantes, ce sont les actionnaires qui élisent ou réélisent les censeurs, dont ils fixent aussi la rémunération.

Une fois par an, un exposé des recettes et dépenses

de la Compagnie est dressé et présenté par les administrateurs aux actionnaires réunis en assemblée générale ordinaire ; il est également dressé un bilan montrant en abrégé l'actif et le passif de la Compagnie, détaillé chapitre par chapitre sur le modèle annexé à la table A (page 202) et il en est envoyé un exemplaire imprimé à chacun des actionnaires. Lorsqu'il existe des Articles spéciaux, cette formule peut servir de modèle, mais les stipulations qui ont trait au contenu ou à la forme du bilan sont souvent l'objet de modifications motivées par le besoin de les mettre en harmonie avec le caractère des opérations de la Compagnie.

L'exposé et le bilan, dont il a été question plus haut, sont préparés par des employés de la Compagnie, sous la direction du Conseil d'Administration, et leur rédaction est préalablement soumise aux censeurs dans un délai qui leur donne amplement le temps d'examiner les livres avant l'assemblée générale ordinaire, et de certifier que cet exposé et ce bilan donnent une idée correcte de la position de la Compagnie.

Les administrateurs sont dans l'obligation, pour cela, de fournir aux censeurs les moyens d'examiner la comptabilité et de leur montrer tous les documents qui se rapportent aux paiements effectués, aux opérations et aux valeurs de la Compagnie.

Si les censeurs se trouvent en désaccord sur quoi que ce soit avec les administrateurs, ils font un rapport indépendant, à part, et veillent à ce que ce rapport soit ajouté à l'exemplaire imprimé des comptes qui est envoyé à chacun des actionnaires.

Dans le cas où on n'aurait pas nommé de censeur,

le *Board of Trade*, sur la demande de cinq actionnaires, a le droit de nommer un censeur officiel et de fixer les émoluments que la Compagnie devra lui payer pour ses services.

On peut bien dire, en général, qu'à moins qu'un pouvoir spécial n'ait été donné aux actionnaires par les Articles d'Association, aucun actionnaire, d'après les stipulations de la loi, n'est en droit de demander à inspecter d'autres registres que celui des membres et celui des hypothèques ; ajoutons que, même si les Articles d'Association avaient investi les actionnaires d'un droit général d'inspection des livres, où il est fait entrée de tous les actes et transactions de la Compagnie, cela n'autoriserait pas à inspecter le registre des procès-verbaux du Conseil d'Administration.

La clause 78 de la Table A, qui dit que les livres de comptabilité seront à la disposition des actionnaires en général, pour qu'ils puissent les consulter et les inspecter, donne lieu à de sérieuses objections, car ce droit permet à quiconque souffre de la concurrence que lui fait la Compagnie, même s'il n'est porteur que d'une seule action, de se procurer des renseignements dont il peut se servir au préjudice de la Compagnie, en faisant échouer les plans et les opérations des administrateurs.

Les actionnaires qui ont des motifs pour supposer que quelque chose va de travers dans l'administration de leur Compagnie, peuvent, d'après la clause 56 de la loi de 1862, avoir recours au *Board of Trade* qui, sur la demande d'actionnaires porteurs du cinquième au moins de la totalité des actions émises par la Compagnie, et après s'être assuré que ces actionnaires sont bien fondés dans leur demande d'enquête, et ne sont pas animés de sentiments de malveillance, nommera des inspecteurs pour examiner les livres, les comptes et les affaires de la Compagnie.

En ce qui concerne le droit d'inspection par une personne autre qu'une actionnaire, le registre des membres d'une Compagnie est le seul livre auquel ait accès quiconque désire en avoir communication. (Voir chapitre XIII, page 62.)

Le droit d'examiner le registre des hypothèques découle de la section 43, mais n'appartient qu'aux créanciers ou actionnaires de la Compagnie; comme de juste, toute personne à qui on demande de faire un certain crédit à la Compagnie, fera bien de s'enquérir des charges qui grèvent l'actif de la Compagnie et demander à prendre communication du Registre des hypothèques, chose qui lui sera immédiatement accordée.

CHAPITRE XIV

LIQUIDATION[1]

(PREMIÈRE PARTIE).

LIQUIDATION VOLONTAIRE. — LIQUIDATION VOLONTAIRE SOUS LA SURVEILLANCE DE LA COUR.

Sur les articles de la loi de 1862, il y en a presque la moitié, qui ne traite que de la question de liquidation ; ces articles ne renferment pas seulement des prescriptions sur la marche à suivre pour la mise en liquidation d'une Compagnie, ils donnent aussi des instructions au sujet des diverses mesures à prendre et des démarches à faire pendant la liquidation.

Il serait donc impossible, aussi bien qu'inutile, d'entrer dans des explications détaillées au sujet de choses qui seront faites exclusivement en Angleterre ; par conséquent, nous nous bornons à indiquer les différentes sortes de mises en liquidation d'une Compagnie et les démarches à faire par l'actionnaire qui cherche à se

[1] Voir la Table alphabétique.

protéger, ou par le créancier qui veut sauvegarder ses intérêts.

Il y a trois sortes de liquidations des Compagnies :

1° La liquidation volontaire ;

2° La liquidation volontaire, mais placée sous la surveillance de la Cour ;

3° La liquidation forcée, c'est-à-dire celle qui est ordonnée par la Cour, dans la division de Chancellerie de la Cour Suprême de Judicature d'Angleterre.

Le plan général de liquidation autorisé par la loi est le même dans tous les cas ; c'est-à-dire que les affaires de la Compagnie qui auparavant étaient gérées par ses administrateurs et son personnel, passent entre les mains et sous le contrôle des liquidateurs, en vertu des résolutions de la Compagnie même ou des ordonnances de la Cour, qui, en mettant la Compagnie en liquidation, leur confie tout l'actif de la Compagnie, quel qu'il soit, pour le réaliser, payer les créanciers, et répartir le solde restant, après extinction du passif, entre les actionnaires.

Il va de soi que lorsqu'une Compagnie fusionne avec une autre, ou que, pour des motifs quelconques, elle désire liquider et clore ses opérations, il est mieux, comme, par exemple, dans le cas d'associations commerciales, d'éviter tout ce qui pourrait avoir l'apparence d'une mise en liquidation pour dettes ou pour insolvabilité, ou bien d'une chute sous le coup d'attaques hostiles. C'est pourquoi, dans tous ces cas, le plus sage parti est de se mettre en liquidation volontaire.

D'après la loi, une Compagnie peut se mettre en liquidation volontaire :

1° Lorsque la période, s'il y en a une fixée pour la

durée de la Compagnie par ses règlements amène la dissolution de la Compagnie ; et que la Compagnie a pris en assemblée générale une résolution pour que la Compagnie soit liquidée volontairement ;

2° Quand la Compagnie a passé une résolution spéciale pour que la Compagnie soit liquidée volontairement ;

3° Toutes les fois que la Compagnie a passé une résolution extraordinaire de laquelle il résulte qu'il y a preuve suffisante que la Compagnie, en raison de ses embarras, n'est plus en état de continuer ses affaires, et qu'il est nécessaire de la mettre en liquidation.

Si le Conseil croit qu'il vaut mieux agir en vertu d'une résolution spéciale, il enverra un avis de convocation des actionnaires en assemblée générale extraordinaire, pour examiner la situation de la Compagnie et voir s'il y a lieu de passer une résolution, qui aura besoin plus tard d'être confirmée, d'après la section 51 de la loi de 1862, dans une autre assemblée générale extraordinaire, pour la mise en liquidation volontaire de la Compagnie et la nomination d'un ou de plusieurs liquidateurs.

Les assemblées où se passe et se confirme cette résolution, se tiennent strictement en conformité des stipulations dont on trouvera l'exposé chapitre XI, page 90, et l'avis de convocation des actionnaires en assemblée générale mentionnera non seulement l'intention qu'on a de proposer une résolution de mise en liquidation, mais aussi celle de nommer un liquidateur ou des liquidateurs et de fixer leurs émoluments.

Il arrive quelquefois qu'une Compagnie tombe soudainement dans des embarras, ou qu'il y a danger qu'un créancier, en obtenant un jugement immédiatement exécutoire, ne prenne une position qui prime celle des autres créanciers. Pour éviter tout délai, toute perte de temps que nécessiterait la convocation d'une assemblée pour confirmer la résolution spéciale, la section 129 de la loi de 1862 (sous-section 3), autorise les actionnaires réunis en assemblée générale extraordinaire à passer une résolution « extraordinaire ».

Il est d'une grande importance que l'avis de convocation de cette assemblée contienne clairement le libellé de la résolution elle-même, et donne bien minutieusement aux actionnaires l'avis de l'intention qu'on a de passer une résolution extraordinaire d'après la section de la loi citée plus haut, de sorte qu'ils sachent bien que, si la résolution est approuvée à l'assemblée, la Compagnie sera *ipso facto* mise en liquidation.

Cet avis sera donc être rédigé à peu près de la façon suivante :

Avis est donné qu'à l'assemblée générale extraordinaire de la Compagnie... qui se tiendra le (ici, la date et l'heure), on soumettra aux actionnaires un exposé de la situation de la Compagnie, et conformément à la stipulation de la 3e sous-section, de la section 129, de la loi de 1862, il sera proposé de passer comme résolution extraordinaire la résolution suivante :

« Les actionnaires, après avoir constaté que la Com-
» pagnie, à cause de ses dettes, ne peut plus continuer
» ses opérations, décident de la mettre en liquidation
» et nomment A. B. et C. D. comme liquidateurs. »

L'avis, en outre, mentionnera l'intention qu'on a de passer une résolution pour fixer la rémunération des liquidateurs, sous forme d'une somme déterminée, ou sous forme de commission. Cette résolution sera distincte de celle de la mise en liquidation, car c'est celle-ci seule, qui sera produite au cours de la liquidation, et il est préférable que tout ce qui a rapport aux émoluments soit distinct de ce qui touche à la liquidation elle-même.

Pour qu'une résolution soit passée régulièrement comme résolution extraordinaire, il est indispensable qu'elle soit adoptée par la majorité des trois quarts des actionnaires, qui prennent part au vote, soit personnellement, soit par procuration; et alors, elle n'aura pas besoin de confirmation ; mais il est obligatoire qu'une copie de cette résolution ainsi que de toute résolution spéciale ayant le même effet soit transmise au « Registrar » des Joint Stock Companies, et aussi qu'elle soit publiée dans la *London Gazette,* qui est le *Journal officiel* du Royaume-Uni.

En ce qui touche le choix d'un liquidateur ou de plusieurs liquidateurs, soit par résolution spéciale, soit par résolution extraordinaire, les actionnaires ont les mêmes droits et les mêmes privilèges pour voter que dans les autres assemblées générales.

La résolution spéciale prend date à partir de la première assemblée. La résolution extraordinaire prend date à partir du jour où elle est passée.

Un des effets de la résolution de mise en liquidation est que la Compagnie cesse de se livrer à ses transactions, excepté si c'est le contraire qui est avantageux à la liquidation. Mais, en tant que corps constitué, c'est-à-dire comme communauté, la Compagnie subsiste avec les mêmes droits qu'elle avait, et cela jusqu'à ce que ses affaires soient complètement liquidées.

A moins qu'une Compagnie ne se décide à se mettre en liquidation volontaire pour des raisons purement techniques (parce qu'elle fusionne avec une autre, etc.), les principaux actionnaires, en dehors du Conseil d'Administration, s'efforceront d'avoir voix au chapitre, lorsqu'il s'agira de la nomination du liquidateur ; mais ils n'y réussiront qu'en s'unissant entre eux, et en s'assurant l'appui d'un assez grand nombre d'actionnaires, pour avoir la majorité lors du choix des liquidateurs.

La procédure à suivre par les liquidateurs est généralement la même que, si, au lieu d'une liquidation volontaire, il s'agissait d'une liquidation forcée par suite d'une ordonnance de la Cour de Chancellerie, et les liquidateurs ont la faculté, en tout temps, de s'adresser à la Cour au sujet de toutes les questions sur lesquelles ils sont embarrassés pour prendre une décision. Mais un des avantages de la liquidation volontaire, c'est que les liquidateurs ne sont pas obligés de s'adresser au juge afin d'obtenir sa sanction pour tout ce qu'ils font, pour toute mesure à prendre, pour ainsi dire, ce qui cause dans une liquidation forcée beaucoup d'embarras et une grande perte de temps, surtout quand les tribunaux sont en vacances.

Il arrive souvent qu'après qu'une Compagnie s'est mise en liquidation volontaire, certains créanciers ou actionnaires, ou même les liquidateurs, désirent la protection de la Cour à cause des difficultés qui viendraient à surgir ; ou bien encore, la Cour elle-même, sur la demande d'un créancier qui veut une liquidation forcée, trouve que, malgré la mise en liquidation volontaire, les intérêts des parties exigent que cette liquidation volontaire soit continuée sous la surveillance de la Cour.

En pareil cas, une ordonnance de contrôle est souvent rendue, ce qui est bien moins dispendieux et bien plus avantageux qu'une ordonnance de mise en liquidation forcée. Si la Cour rend une ordonnance de mise en liquidation sous le contrôle de la Cour ou de mise en liquidation forcée, elle peut adopter toutes les mesures prises au cours de la liquidation volontaire.

CHAPITRE XV

LIQUIDATION

(DEUXIÈME PARTIE)

MISE EN LIQUIDATION FORCÉE PAR LA COUR DE CHANCELLERIE SUR LA DEMANDE DE LA COMPAGNIE, DES CRÉANCIERS OU DES ACTIONNAIRES. — NOMINATION D'UN LIQUIDATEUR OFFICIEL ET SES DROITS.

La division de Chancellerie de la Cour Suprême d'Angleterre est le tribunal auquel on s'adresse pour demander la mise en liquidation forcée des Compagnies à responsabilité limitée, dont l'enregistrement a eu lieu en Angleterre ; mais quand il s'agit de Compagnies enregistrées en Irlande ou en Ecosse, c'est aux tribunaux irlandais ou écossais qu'on s'adresse.

La demande de mise en liquidation se fait sous forme de pétition qui est présentée à la Cour, soit par la Compagnie, soit par un créancier ou par un actionnaire.

Si elle est présentée par la Compagnie elle-même, elle déclarera nécessairement, qu'elle n'est pas en état de faire face à ses dettes, et citera des faits ; par

8

exemple, elle montrera que des traites ont été protestées, que des poursuites ont été intentées contre elle, qu'elle a subi des pertes, etc.; et certainement, une pétition de ce genre provoquera la mise en liquidation de la Compagnie.

Si la demande est présentée par un créancier ou par un actionnaire, il faudra qu'elle soit appuyée par une des preuves que voici : il montrera que la Compagnie a passé une résolution spéciale pour demander sa mise en liquidation par la Cour ; ou que, dans l'année qui a suivi sa constitution, la Compagnie n'a pas commencé ses affaires; ou qu'elle les a suspendues pendant une année entière; ou que le nombre de ses actionnaires est inférieur à sept; ou bien enfin que la Compagnie est insolvable, hors d'état de payer ce qu'elle doit, et que ce sera justice que de mettre cette Compagnie en liquidation.

La pétition doit être rédigée par un solicitor expérimenté, et annoncée au moins sept jours avant que l'affaire ne vienne au rôle, une fois dans la *London Gazette* et au moins deux fois dans des journaux quotidiens de Londres, paraissant le matin, si le siège de la Compagnie se trouve dans un rayon de dix milles (un peu plus de seize kilomètres) du centre de Londres. La pétition sera appuyée par un *affidavit*, et des copies de cette pétition et de cet affidavit seront laissées au siège social de la Compagnie s'il en existe un; et si on ne le trouve pas, on signifiera cet acte à un fonctionnaire ou à un employé de la Compagnie, au dernier domicile connu de la Compagnie.

Cette pétition peut être appuyée par plusieurs créanciers ou actionnaires : mais, si tous les signataires de cette pétition résident à l'étranger, il est possible avant que la cause ne soit entendue, qu'on exigera qu'ils aient à fournir caution pour les frais à encourir.

Si l'ordonnance est rendue, les frais encourus par les demandeurs seront taxés, et la somme qui restera constituera une première charge sur l'actif de la société et sera payé intégralement, et avec privilège sur toutes les autres revendications quelconques.

La section 80 stipule qu'une Compagnie sera considérée comme insolvable quand un créancier l'a mise en demeure de lui payer une dette de cinquante livres sterling, et que dans les trois semaines qui ont suivi cette demande, la Compagnie a négligé de payer cette somme, ou de prendre des arrangements pour payer ou garantir cette créance; ou bien encore quand l'exécution d'un jugement, d'un arrêt, ou d'une ordonnance n'a pas amené de résultats suffisants, ou qu'il est prouvé au juge que la Compagnie est hors d'état de faire face à ses engagements.

Dans ces conditions, tout créancier auquel une Compagnie doit une somme actuellement exigible est en droit de présenter une pétition pour sa mise en liquidation ; mais aucune personne se disant créancière en vertu d'une dette à venir, ou d'une demande de compensation, ou de dommages-intérêts, quelque grande qu'elle soit, ne sera considérée au point de vue de la loi, comme pouvant présenter une pétition, avant que sa demande n'ait été déterminée par un jugement en sa faveur, et ne soit devenue une dette actuellement exigible.

Il arrive assez souvent que pour empêcher la liquidation de tomber entre les mains de personnes qui inspecteraient minutieusement les affaires de la Compagnie, ou bien qui ne prendraient pas soin des intérêts des actionnaires, les administrateurs, ou les plus forts actionnaires, prennent les mesures nécessaires pour payer le créancier qui demande la mise en liquidation de la Compagnie, mais, dans ce cas, ils ont à payer tous les frais judiciaires qu'a encourus ce créancier.

Un créancier n'est pas le chargé d'affaires des autres créanciers, et, par cela même, il n'est point obligé de sauvegarder leurs intérêts ; par conséquent, si avant que la cause ne soit entendue sa créance est soldée ou garantie, ou si aucun créancier ne se présente à l'audience, il est libre de retirer sa pétition dans les conditions qui lui conviennent.

Mais tout créancier qui apprend par les annonces des journaux, ou autrement, qu'une pétition a été présentée pour la mise en liquidation de la Compagnie, a le droit de se procurer une copie de la pétition présentée et de se faire représenter à l'audience par son avocat pour faire valoir ses arguments et ses revendications ; et si le créancier, qui a présenté la pétition, obtenait satisfaction, la Cour ne permettrait pas que la demande de mise en liquidation fût retirée sans que l'autre créancier y eût donné son consentement, ou sans que ses intérêts eussent été sauvegardés.

Le droit de présenter une pétition pour mettre une Compagnie en liquidation est une arme formidable entre les mains d'un créancier, mais qui risque de devenir dangereuse pour lui, s'il s'en sert trop précipitamment, ou si, négligeant de prendre des informations ou de faire des recherches au bureau officiel où sont déposées toutes les pétitions demandant la mise en liquidation des Compagnies, il présente la sienne alors que déjà une autre pétition de mise en liquidation de la même Compagnie est inscrite au rôle. Il s'exposerait aussi à être débouté de sa demande et à avoir à supporter les frais et dépens, s'il ne prouvait surabondamment le bien fondé de sa réclamation, et s'il ne démontrait, à la satisfaction du juge, que la Compagnie a manqué à ses règlements statutaires en ne satisfaisant pas à sa réclamation, par paiement, garantie, ou arrangement après avoir reçu avis formel de sa demande de paiement; ou que la Compagnie est insolvable, hors d'état de payer ses dettes. Dans l'un comme dans l'autre de ces cas, la Cour déclarera le créancier en droit d'obtenir la mise en liquidation.

Il arrive fréquemment qu'une Compagnie est au fond solvable, quoique sur le moment elle ne soit pas en état de faire face à ses dettes, parce que son actif est immobilisé ; la Cour a pleins pouvoirs, dans ce cas, pour accorder un délai et ajourner la prise en considération de la pétition ; mais elle ne permettra pas que les intérêts d'un créancier souffrent, par la seule raison qu'un délai pourrait être profitable aux actionnaires.

S'il est prouvé que la majorité des actionnaires et des créanciers de la Compagnie considère que la marche la plus avantageuse à suivre est la mise en liquidation volontaire de la Compagnie, la Cour a le loisir d'ordonner la convocation d'une assemblée d'actionnaires ou de créanciers, ou des deux réunis, pour discuter la possibilité d'une entente, la loi de 1870 pour faciliter les arrangements entre créanciers et actionnaires des Joint Stock Companies en liquidation, ayant grandement facilité les accommodements avec les créanciers; et une proposition d'arrangement, approuvée par une majorité représentant les trois quarts des dettes de la Compagnie et sanctionnée par la Cour, oblige la minorité à accepter les conditions convenues.

Quant à la pétition d'un actionnaire, la section 40 de la loi de 1867 dit qu'elle ne sera présentée, que si l'actionnaire a été détenteur de ses titres depuis au moins six mois. Mais, s'il n'est pas soutenu par la majorité des actionnaires, s'il ne prouve pas d'une façon concluante que la Compagnie est dans une position telle, que, mise en liquidation de suite, elle donnera quelque chose aux actionnaires, tandis que, mise en liquidation plus tard, ils n'auront absolument rien, il n'y a pas la moindre probabilité qu'il réussisse à obtenir l'ordonnance. Si la Compagnie est insolvable, c'est-à-dire incapable de payer intégralement ses créanciers, l'actionnaire n'a aucun intérêt à forcer la Compagnie à tomber en liquidation, et si elle n'est pas insolvable, il cèdera forcément aux désirs de la majorité des autres actionnaires.

Il ne serait pas suffisant de démontrer que la Compagnie perd de l'argent dans ses affaires, pour aller à l'encontre de la majorité, en demandant une mise en liquidation ; on ne saurait non plus invoquer les griefs qu'on aurait contre les administrateurs pour négligence, malversation ou pour toute autre cause ; l'actionnaire, dans ce cas, n'a qu'à s'en prendre aux administrateurs eux-mêmes.

Si, à la suite d'une ou de plusieurs pétitions, il est

rendu une ordonnance de mise en liquidation forcée d'une Compagnie, cette ordonnance sera publiée une fois dans la *London Gazette*, dans les douze jours qui suivront, et sera signifiée à telles ou telles personnes, et de telle ou telle manière que la Cour l'aura décidé.

Si on est déterminé à interjeter appel contre l'ordonnance rendue, on fera cet appel dans les vingt et un jours qui suivent; mais comme une ordonnance de liquidation est regardée comme une affaire presque uniquement à la discrétion du juge, à moins qu'il n'y ait des circonstances suffisantes dont il n'avait pas connaissance, ou qu'il n'existe des raisons assez sérieuses ou importantes pour que l'ordonnance soit rappelée, il n'y a pas plus de chances pour qu'une Compagnie réussisse dans sa tentative d'appel contre une ordonnance rendue, qu'il n'y en a pour des créanciers ou des actionnaires, d'obtenir une ordonnance de liquidation qui a été refusée.

Pour nommer un liquidateur officiel, la Cour s'en remet d'ordinaire à la décision du *chief clerk* (voir la table alphabétique) et cette nomination souvent fait surgir une vive compétition. Ceux qui ont pris part à la formation de la Compagnie et les administrateurs qu'ils avaient nommés, s'efforceront en effet d'avoir un liquidateur qui n'ira pas examiner trop minutieusement les affaires de la Compagnie et qui ne prendra pas de mesures pour engager leur responsabilité et les forcer à rembourser les sommes qu'ils ont reçues ; d'un autre côté, le *chief clerk*, si la pétition a été présentée par un créancier, nommera presque certainement la personne présentée par ce créancier, si elle a son domicile dans la juridiction du tribunal et si elle est connue comme capable dans ce genre d'affaires.

En tout cas, il est sûr que ce sera une personne appuyée par les principaux créanciers, qui sera choisie de préférence à celle qui aurait été nommée par les actionnaires. Il est en effet naturel que, dans toutes les liquidations, les premières personnes auxquelles il soit juste de songer, soient celles qui ont fait crédit à la Compagnie et envers lesquelles la Compagnie se trouve débitrice. Ce n'est qu'après que les créanciers auront été payés, que les actionnaires, quelles que soient les sommes pour lesquelles ils ont contribué à l'entreprise, viennent participer à l'actif, s'il reste un solde disponible.

Une fois définitivement nommé, le liquidateur, après avoir fourni les garanties ordonnées par la Cour, a le droit, avec la sanction de la Cour, de continuer les affaires de la Compagnie s'il le juge avantageux pour la liquidation, d'intenter et de défendre toutes actions, d'effectuer la vente de tout ce qui appartient à la Compagnie, d'exécuter et de signer au nom de la Compagnie tous actes, reçus ou documents, d'encaisser tous dividendes, de tirer, accepter, ou endosser toutes lettres de change ou billets au nom de la Compagnie, d'emprunter sur l'actif de la Compagnie toute somme d'argent dont il a besoin, de prendre les lettres d'administration de succession de tout actionnaire décédé, et d'adopter telles mesures qu'il conviendra pour réaliser les sommes dues à la succession, de faire enfin tous actes quelconques nécessités par la liquidation de la Compagnie et la répartition de l'actif.

Pour se faire assister dans toutes les questions légales qui viendraient à se présenter pendant la liquidation, le liquidateur officiel, avec la sanction de la Cour, a la faculté de nommer un solicitor dont les honoraires sont taxés d'après les tarifs et les ordonnances de la Cour de Chancellerie.

CHAPITRE XVI

LIQUIDATION

(TROISIÈME PARTIE)

RÉCLAMATIONS DES CRÉANCIERS ET AFFIRMATION DE LEURS CRÉANCES. — LISTE DES CONTRIBUTAIRES. — DEVOIRS ET POUVOIRS DES LIQUIDATEURS. — POUVOIRS D'INTERROGER LES ANCIENS ADMINISTRATEURS ET FONCTIONNAIRES. — POUVOIR QU'A LE REGISTRAR DE RAYER UNE COMPAGNIE DE LA LISTE.

Un des premiers devoirs du liquidateur officiel est de faire savoir aux créanciers par voie de publicité qu'ils auront à lui adresser leurs réclamations dans un certain délai, pour qu'il les examine et les vérifie.

Le libellé de l'annonce dit que lorsque le liquidateur en fait la demande écrite, toute personne qui a une réclamation à faire valoir doit être représentée par son solicitor pour affirmer sa créance, ou justifier de sa réclamation, à l'époque et à l'endroit qui seront désignés dans cette annonce, faute de quoi cette personne sera privée de tout droit à participer aux dividendes payés avant l'affirmation et vérification de sa créance ou de sa réclamation. Si un créancier vient à recevoir du liquidateur officiel un avis comme celui-là, d'avoir à prouver le bien-fondé de la dette, il n'a pas de temps à perdre et aura à transmettre cet avis à un solicitor auquel il donnera les détails les plus complets, en expliquant l'origine de la dette et en démontrant comment on peut l'affirmer et la défendre contre ceux qui voudraient la contester.

S'il le juge nécessaire, le solicitor examinera les livres de la Compagnie qui sont entre les mains du liquidateur officiel, en ce qui concerne les chapitres de ce compte de créance et il donnera son opinion sur les preuves qu'il est désirable de se procurer autres que celles fournies par le demandeur et il préparera les affidavits qu'il faut pour motiver la revendication.

Ces affidavits une fois faits et placés au dossier, la question en litige est décidée par le Chief Clerk; mais chacune des deux parties a le droit d'appel, si la décision ne lui semble pas acceptable.

Si le créancier réussit à établir le bien-fondé de la dette, il a droit aux frais de l'affirmation de la créance.

L'ordre de liquidation constitue un « *lis pendens* » qui empêche la prescription d'une dette, même si cette dette était exposée à être prescrite au cours de la liquidation.

La règle, en ce qui touche un créancier ayant des garanties, était autrefois qu'il avait le droit de prouver sa créance pour tout le montant qui lui était dû, au moment où il en avait réclamé le paiement, et non pas, comme cela se fait en cas de faillite, pour le solde restant dû, après réalisation ou évaluation de ses garanties : mais on a changé cela depuis, et maintenant, dans la liquidation d'une Compagnie, les droits des créanciers sont les mêmes tout comme dans la faillite d'un commerçant.

Mais la loi sur les Compagnies, du 20 août 1883, a établi des privilèges, en faveur des employés de la Compagnie pour appointements ou salaires dus pour services rendus à la Compagnie pendant les quatre mois qui se sont écoulés avant le commencement de la liquidation, et cela pour un montant qui n'excède pas cinquante livres sterling ; et les mêmes privilèges sont accordés aux ouvriers, pour gages dus pour services rendus à la Compagnie durant les deux mois qui ont précédé le commencement de la liquidation.

Le liquidateur prépare alors, d'après le Registre des membres de la Compagnie, une liste appelée « *List of Contributories* » de toutes les personnes qui étaient actionnaires à la date du commencement de la mise en liquidation, et il donne avis à toutes ces personnes que leurs noms seront inclus dans cette liste.

Cette liste est dénommée la liste A, et les personnes dont les noms s'y trouvent inscrits sont responsables (mais seulement pour le solde restant impayé sur leurs actions) des dettes de la Compagnie, proportionnellement au nombre d'actions qu'elles détiennent.

Il arrive cependant quelquefois, qu'après avoir réalisé la totalité de l'actif de la Compagnie, quelques personnes inscrites sur la liste A, sont hors d'état d'effectuer les paiements qu'on exige d'elles, et qu'il reste encore un solde revenant bon aux créanciers. Dans ce cas, le liquidateur officiel doit dresser ce qu'on appelle la liste B, qui se compose des personnes auparavant membres de la Compagnie, mais qui ont cessé de l'être durant l'année qui a précédé le commencement de la mise en liquidation. Chacune d'elles est responsable pour le montant impayé des actions dont elle était primitivement détentrice, mais elle ne peut pas être rendue responsable des dettes contractées après l'époque à laquelle elle a cessé de faire partie de la Compagnie.

Dans le cas de transferts successifs d'actions, le liquidateur peut inscrire sur la liste B toute personne qui a eu ces actions pendant l'année qui a précédé le commencement de la liquidation et s'adresser à n'importe laquelle de ces personnes pour lui réclamer le montant des appels de fonds, quoique chacune de ces personnes qui a reçu un transfert ait le droit de se faire rembourser par celle de qui elle tient ce transfert.

Dans le cas de faillite d'un actionnaire, le liquidateur officiel peut affirmer sa créance contre l'actif du failli, jusqu'à concurrence de la somme dont celui-ci est débiteur, aussi bien pour les versements à effectuer, que pour ceux qui sont arriérés.

Si un membre de la Compagnie, détenteur d'actions complètement libérées, reçoit avis du liquidateur que son nom est placé sur la liste, tout ce qu'il a à faire consiste à ce que, sur la liste, on inscrive que ses actions ont été complètement libérées. Il n'est pas nécessaire qu'il s'oppose à ce que son nom reste sur la liste, car un des objets pour lesquels cette liste a été dressée, est justement de déterminer entre qui le solde restant après le paiement des dettes devra être distribué.

Les pouvoirs conférés au liquidateur nommé dans

une liquidation volontaire sont presque les mêmes, en ce qui concerne la préparation de ces listes, que ceux du liquidateur officiel dans une liquidation sous le contrôle de la Cour ; seulement, il lui est permis de dresser la liste au bureau de la Compagnie ou à son bureau sans avoir besoin de s'adresser au juge ou au « *chief clerk* » du juge chargé de la liquidation ; mais pour exiger le paiement des sommes dues sur les appels de fonds déjà dus ou qu'il fait, il est forcé de recourir aux poursuites judiciaires.

Les liquidateurs, quand il s'agit d'une liquidation volontaire, sont autorisés à convoquer en assemblée les personnes dont les noms sont sur les listes ; et, si la liquidation dure plus d'un an, il leur est imposé de convoquer une de ces assemblées, à la fin de chaque année suivante, pour présenter un exposé de leurs actes, et montrer la marche de leurs opérations.

Si, pour cause de mort, de démission ou pour toute autre cause, une place de liquidateur devient vacante, ou bien, si, pour toute autre cause, il n'y a plus de liquidateur, la Cour, sur la demande d'un actionnaire, en nomme un autre. Le seul moyen de se débarrasser d'un liquidateur dans une liquidation volontaire, est de s'adresser à la Cour, en appuyant la demande sur des motifs sérieux.

Quand les affaires de la Compagnie en liquidation volontaire ont été liquidées, on insère des annonces dans les journaux pour donner avis d'une convocation d'assemblée ; et cette publicité doit être faite dans la *London Gazette* au moins un mois avant l'époque à laquelle aura lieu l'assemblée, et il y est annoncé que cette assemblée aura pour but d'examiner les comptes définitifs de la liquidation. S'ils sont approuvés, le compte-rendu de cette assemblée est fait et remis au Registrar, et dans les trois mois qui suivent l'enregistrement de cette pièce, la Compagnie est définitivement dissoute.

Après une ordonnance ou une résolution de mise en liquidation d'une Compagnie, tout transfert d'actions sera nul et sans valeur, à moins qu'il ne soit fait avec la sanction des liquidateurs ou de la Cour, parce qu'il se rapporterait à quelque arrangement pour conduire la liquidation à bonne fin.

La Cour peut arrêter toutes poursuites contre une Compagnie en liquidation, et elle a des pouvoirs discrétionnels pour décider si elle permettra ou non à un créancier qui a déjà fait une saisie, de pousser plus loin ses poursuites.

Quand on vend la suite des affaires ou ce qui constitue l'actif de la Compagnie en liquidation volontaire, il est permis d'accepter des actions en paiement, si cela est sanctionné par une résolution spéciale, et cette sanction est obligatoire pour la minorité qu'elle lie ; mais tout actionnaire mécontent peut s'adresser au liquidateur et lui céder sa part à un prix qui, s'ils ne tombent pas tous deux d'accord, sera déterminé suivant les prévisions de la loi, d'après la valeur que peut avoir cette part d'intérêt dans l'entreprise.

Pour les sommes d'argent dues par les actionnaires pour des appels de fonds faits antérieurement à la mise en liquidation, le liquidateur officiel est investi de pouvoirs qui lui permettent d'intenter des poursuites immédiates. Mais, dans une liquidation forcée, on ne fait de nouveaux appels de fonds que sur une ordonnance du juge, après que les liquidateurs officiels lui ont prouvé par *affidavit* qu'il est absolument nécessaire de faire un appel de fonds pour régler les dettes de la Compagnie. En pareil cas, le juge indique le jour où cette cause viendra devant lui, et le liquidateur envoie, à chaque actionnaire sujet à être compris dans cet appel de fonds, avis du jour fixé par le juge, pour examiner quelle nécessité il y a de faire cet appel de fonds, et chaque actionnaire a le droit de comparaître à cette audience et de faire opposition à l'appel complet ou de demander qu'on le réduise à une somme inférieure à celle que demande le liquidateur.

Mais si le juge rend une ordonnance autorisant l'appel de fonds, copie de cette ordonnance, avec indication du montant à payer, est envoyée par le liquidateur à chaque actionnaire, et faute de paiement, un ordre, appelé *Balance-order*, est signifié et peut être mis à exécution, comme dans le cas d'un jugement ordinaire, par voie de poursuites et de saisie.

La loi accorde des pouvoirs étendus pour l'interrogatoire des administrateurs et des anciens fonctionnaires d'une Compagnie, tout à la fois en ce qui touche son actif et ce qu'elle possédait, et aussi en ce qui regarde les transactions faites par la Compagnie.

En exerçant ces pouvoirs extraordinaires, la Cour peut, après une ordonnance de mise en liquidation, assigner devant elle tout fonctionnaire de la Compagnie, ou toute personne connue pour avoir eu en sa possession des objets quelconques appartenant à la Compagnie, ou suspectée d'en avoir eu, ou de devoir de l'argent à la Compagnie. Elle peut aussi assigner toute personne qu'elle croit être susceptible d'être en état de fournir des informations sur les transactions commerciales, et sur l'actif de la Compagnie et enjoindre à tout fonctionnaire, ou à toute personne quelconque, d'avoir à produire tous livres, papiers, actes écrits, ou autres documents confiés à sa garde, ou en sa possession, et qui se rapportent à la Compagnie ; et si cette personne ainsi assignée refusait de comparaître, elle s'exposerait à être arrêtée, et amenée devant la Cour pour être interrogée. Si elle réclame un droit ou privilège sur ces documents, il est de la compétence de la Cour de décider toute question relative à cette prétention.

La Cour a le droit (sections 165 à 169) de demander et de fixer les dommages à payer par les administrateurs ou les fonctionnaires en faute, ou coupables de malversation ou d'abus de confiance, et d'ordonner au liquidateur officiel de poursuivre toute personne qui a fait des falsifications dans les livres, et de prélever le montant des frais de ces poursuites sur l'actif de la Compagnie.

On voit donc que la loi anglaise édicte des mesures sévères pour l'examen à fond des affaires d'une Compagnie en liquidation, ainsi que de la conduite et des transactions de ses anciens administrateurs ou fonctionnaires ; et c'est aux personnes réellement intéressées dans l'examen de ces questions, c'est-à-dire aux actionnaires, de faire telles démarches qui peuvent assurer cette investigation et la faire aboutir à des résultats utiles.

Il y a un grand nombre de Compagnies, enregistrées avec un capital nominal très-considérable, qui n'ont jamais obtenu de souscriptions et qui n'ont même jamais commencé à fonctionner. On ne doit pas oublier qu'une Compagnie existe, jusqu'à ce qu'elle soit dissoute légalement ; et les signataires du Mémorandum d'Association sont passibles d'amendes s'ils ne présentent pas chaque année au Registrar l'exposé pour l'exercice courant requis par la loi de 1862, section 26.

Le Registrar a donc le droit, conformément aux prescriptions de la loi de 1880, section 7, s'il trouve qu'une Compagnie n'a pas commencé ses opérations, de notifier son intention de rayer du Registre le nom de cette Compagnie ; et après avoir rempli les formalités nécessaires, il peut, à l'expiration des délais fixés par la loi, rayer ce nom des Registres officiels de Joint Stock Companies, et dès lors la Compagnie cesse d'exister.

CHAPITRE XVII

CONVENTIONS ENTRE L'ANGLETERRE ET LA FRANCE

ET ENTRE L'ANGLETERRE ET D'AUTRES PAYS

RÉGLANT LES DROITS DES COMPAGNIES DANS LEURS TERRITOIRES RESPECTIFS. — FACULTÉ DE FAIRE USAGE D'UN SCEAU OFFICIEL ET DE TENIR DES REGISTRES A L'ÉTRANGER. — LIQUIDATION D'UNE COMPAGNIE AYANT UN ACTIF A L'ÉTRANGER.

En 1862, la France et l'Angleterre ont conclu une convention, et la Belgique et l'Angleterre ont aussi conclu une convention réglant mutuellement le droit des Sociétés qui se sont formées légalement sur leurs territoires respectifs.

Ces deux conventions, identiques l'une à l'autre, débutent par ce considérant : " Qu'il a paru nécessaire aux Puissances contractantes de s'entendre, pour régulariser dans leurs États et possessions respectifs la situation des Sociétés et associations commerciales, industrielles et financières, constituées et autorisées suivant les lois particulières à chacun de ces deux pays. ”

Suivent les clauses ci-dessous :

« *Article 1*er. — Les hautes parties contractantes » déclarent reconnaître mutuellement à toutes les » Compagnies et autres associations commerciales, » industrielles ou financières, constituées et autorisées » suivant les lois particulières à l'un de ces deux pays, » la faculté d'exercer tous leurs droits, et d'ester en » justice devant les tribunaux, soit pour intenter une » action, soit pour y défendre, dans toute l'étendue » des États et possessions de l'autre puissance, sans » autre condition que de se conformer aux lois desdits » États et possessions.

» *Article 2.* — Il est entendu que la disposition qui » précède s'applique aussi bien aux Compagnies et as- » sociations constituées et autorisées antérieurement » à la signature de la présente convention, qu'à celles » qui le seraient ultérieurement.

» *Article 3.* — La présente convention est faite sans » limitation de durée. Toutefois, il sera loisible à l'une » des deux hautes Puissances contractantes de la faire » cesser, en la dénonçant un an à l'avance. Les deux » hautes Puissances contractantes se réservent, d'ail- » leurs, la faculté d'introduire d'un commun accord, » dans cette convention, les modifications dont l'utilité » serait démontrée par l'expérience. »

La convention avec la France a été conclue avant que la loi de 1862 sur les Joint Stock Companies n'ait passé au Parlement anglais; la convention avec la Belgique a été conclue quelques jours après la mise en vigueur de la loi. Depuis, des conventions rédigées d'après les mêmes principes ont été conclues entre l'Angleterre et l'Italie en 1867, et entre l'Angleterre et l'Allemagne en 1874.

Ces conventions s'étendent nécessairement à toutes les Compagnies à responsabilité limitée qui se sont formées sous le régime des Joint Stock Companies ; mais, naturellement, elles ne peuvent pas conférer à une Compagnie à l'étranger, en tant qu'il s'agit d'elle et de personnes qui ne sont pas ses actionnaires, des droits qui ne seraient pas d'accord avec les lois en vigueur dans le pays.

Cependant, il est évident qu'une Compagnie légalement constituée, peut forcer les personnes qui deviennent ses actionnaires, à se soumettre aux obligations imposées par les règlements ou par les résolutions prises en conformité des prescriptions de la loi sous laquelle elle a été constituée, et aussi par ses Articles d'Association; car, le simple fait d'avoir fait une demande de souscription d'action, d'avoir reçu des actions à la répartition, d'avoir effectué un paiement et autorisé l'inscription de son nom sur les registres des actionnaires, constitue un contrat effectif et réel entre l'actionnaire et la Compagnie vis-à-vis de laquelle il s'est engagé pour tout ce qui concerne sa position, en tant qu'elle est définie par les règlements statutaires de la Compagnie et par la loi anglaise.

Supposons par exemple qu'un actionnaire domicilié à l'étranger néglige de répondre aux appels de versements; la Compagnie, aussi longtemps que les administrateurs prennent toutes les mesures prescrites par les lois et par ses règlements statutaires, en ce qui a trait à la déchéance, peut, de plein droit et absolument, frapper de déchéance, telles actions sur lesquelles le porteur n'effectue pas ses paiements, même si d'après la loi de ce pays sur les Compagnies par actions, et d'après sa propre législation, il n'existe aucun article qui permette de prononcer cette déchéance. Les lois du pays où l'actionnaire d'une Compagnie anglaise réside, devront donner force légale au contrat passé entre les parties.

Quoique dans la loi de 1862, on n'ait pas prévu le cas possible où des Compagnies ayant leur siège d'opérations à l'étranger, seraient enregistrées en Angleterre, la Chambre des Lords a cependant décidé, depuis assez longtemps, comme il en a été fait déjà la remarque, que ces Compagnies pourraient l'être, à la condition toutefois qu'elles aient un centre d'affaires en Angleterre; le fait de se livrer à des transactions ou à des opérations à l'étranger ne serait donc point un obstacle susceptible d'empêcher leur constitution en Angleterre.

Ce n'est point non plus un empêchement à l'incorporation d'une Compagnie, que d'avoir pour signataires du Mémorandum d'Association des étrangers résidant hors du Royaume-Uni. Toute personne qui se propose la formation d'une Compagnie qui aura son centre d'affaires et son Conseil d'administration en Angleterre, peut, d'après la loi, signer le Mémorandum et remplir toutes les formalités nécessaires pour son incorporation.

Il est évident aussi que l'esprit de la législation anglaise, est d'un caractère qui tend à faciliter la gestion des affaires des Compagnies à l'étranger, tout en les soumettant aux exigences du régime des Joint

Stock Companies, et des règlements statutaires auxquels elles doivent obéir.

Par exemple, en 1864, la loi (dont on a parlé au chapitre IV et dont la traduction se trouve dans l'Appendice, page 190) avait été passée pour permettre aux Compagnies par actions, qui font des affaires à l'étranger, d'avoir des sceaux officiels, et de s'en servir dans les pays où elles se livraient à leurs transactions.

Le langage du préambule de cet Acte est intéressant comme preuve de l'esprit de la législation anglaise à l'égard des Compagnies qui font des affaires à l'étranger. Voici comment débute cet Acte :

« Considérant qu'il y a eu et qu'il peut y avoir encore dans le Royaume-Uni des Compagnies qui font des affaires dans les pays étrangers, et qu'il convient et est désirable que ces Compagnies puissent se livrer dans ces pays à leurs opérations de placements, d'hypothèques, de transferts, de baux, et qu'elles puissent prendre des engagements ou passer des contrats en leur nom, l'ordonnance suivante est promulguée, etc., etc. »

D'un autre côté, quand une Compagnie établie pour l'exploitation d'une entreprise à l'étranger, a non-seulement son siège social et son Conseil d'administration à Londres, mais aussi un siège social et des administrateurs à l'étranger, on a reconnu qu'il serait très-avantageux pour la Compagnie d'avoir un registre local des membres et aussi un registre des transferts avec pouvoir d'accepter ces transferts, de façon à mettre fin aux longs délais que nécessitent les transports des certificats d'actions, puisque les vendeurs avaient à envoyer leurs transferts et leurs certificats en Angleterre, pour rendre effective la vente de leurs titres.

Ces difficultés se renouvelant fréquemment, ainsi que d'autres inconvénients provenant de la même cause, le Parlement anglais a voulu y parer par un Acte passé en Août 1883, quoique cet acte ne s'étende qu'aux colonies britanniques.

Mais cette loi (dont on trouvera la traduction page 192) montre que les dispositions législatives tendent à développer l'utilité des entreprises anglaises, et il n'y a point à en douter, quand il s'agit d'une Compagnie qui a un caractère anglo-étranger, il est loisible d'insérer, dans des Articles spéciaux d'Association, une clause qui donne la faculté d'ouvrir à l'étranger, des registres exactement semblables à ceux qui existent en Angleterre et de les tenir conformément à la loi dans les pays où la Compagnie a des intérêts et fait des affaires.

Toute Compagnie qui fonctionne à l'étranger, et qui, par suite de ses embarras financiers ou pour toute autre raison, se trouve exposée à liquider, peut être mise en liquidation dans le pays où elle fonctionne, et, d'après la loi et la procédure de ce même pays, on peut nommer aussi un liquidateur pour la réalisation et la distribution de son actif dans ce pays.

Mais il est bien évident que, dans la liquidation de toute Compagnie formée en Angleterre, quand même ses affaires et son actif sont principalement à l'étranger, il est très-important d'avoir la faculté de mettre en vigueur les divers pouvoirs de la loi anglaise sur les Compagnies, et d'être en position d'interroger les administrateurs ou fonctionnaires de la Compagnie qui résident en Angleterre ; et ce pouvoir ne peut ni être obtenu sans la mise en liquidation de la Compagnie par la Cour d'Angleterre, ni être exercé par un liquidateur étranger.

Dans ce but, et pour sauvegarder les droits des créanciers, et l'actif de la Compagnie dans les deux pays, il est nécessaire que la mise en liquidation soit demandée dans les deux pays à la fois, et que dans chacun de ces pays, on nomme des liquidateurs qui marcheront bien d'accord l'un avec l'autre; car autrement, c'est-à-dire, s'il y a conflit entre les liquidateurs des deux pays, l'actif court grand risque d'être compromis, les frais judiciaires augmenteront considérablement, et les ressources réalisables de la Compagnie disparaîtront en dépenses.

Du reste, comme cela a été décidé dans le procès de la Princesse de Reuss contre Bos, et comme on l'a fait ressortir durant les débats, auxquels a donné lieu cette importante cause, la seule manière de provoquer la dissolution et l'extinction complète d'une Compagnie, c'est de demander sa mise en liquidation dans le pays d'où elle est originaire, c'est-à-dire où, légalement, elle a pris naissance.

APPENDICE

Tous les formulaires et modèles de l'appendice et tous autres requis en matière de Joint Stock Companies Anglaises, Limited peuvent être trouvés revêtus de leur timbre chez Waterlow et Sons Limited, 27, rue du Quatre-Septembre, Paris.

APPENDICE

FORMULES ET AUTRES DOCUMENTS.

* *En regard des formules et documents marqués d'un astérisque, on trouvera leur texte authentique en anglais.*

I

FORM OF MEMORANDUM OF ASSOCIATION

OF A COMPANY LIMITED BY SHARES.

1st. The name of the company is „ The Eastern Steam " Packet Company, Limited ".

2nd. The registered office of the company will be situated in England.

3rd. The objects for which the company is established are, „ The conveyance of passengers and goods in ships " or boats between such places as the company may from " time to time determine, and the doing all such other " things as are incidental or conducive to the attainment " of the above object. "

4th. The liability of the members is limited.

5th. The capital of the company is two hundred thousand pounds, divided into one thousand shares of two hundred pounds each.

We, the several persons whose names and addresses are subscribed, are desirous of being formed into a company, in pursuance of this Memorandum of Association, and we respectively agree to take the number of shares in the capital of the company set opposite our respective names.

NAMES, ADDRESSES, AND DESCRIPTIONS OF SUBSCRIBERS.	NUMBER of Shares taken by each subscriber.
„ 1. John Jones, of in the county of merchant.	200
„ 2. John Smith, of in the county of .	25
„ 3. Thomas Green, of in the county of .	30
„ 4. John Thompson, of in the county of .	40
„ 5. Caleb White, of in the county of .	15
„ 6. Andrew Brown, of in the county of .	5
„ 7. Cæsar White, of in the county of .	10
Total shares taken.....	325

Dated the 22nd day of November, 1861.

Witness to the above signatures,

A. B., No. 13, Hute Street, Clerkenwell, Middlesex.

I

FORMULE D'UN MÉMORANDUM D'ASSOCIATION

D'UNE COMPAGNIE LIMITÉE PAR ACTIONS

1° Le nom de la compagnie est : *The Eastern Steam Packet Company, Limited* (Compagnie des paquebots à vapeur de l'Est à responsabilité limitée);

2° Le siège social de la compagnie sera situé en Angleterre ;

3° L'objet pour lequel la compagnie est établie est : « Le transport de voyageurs et marchandises par bateaux » ou navires, entre tels ports que la compagnie pourra » déterminer, et les opérations sur toutes autres matières, » se rapportant ou pouvant contribuer à la réalisation de » l'objet de la formation de la susdite compagnie » ;

4° La responsabilité des membres est limitée ;

5° Le capital de la compagnie est de deux cent mille livres sterling, divisé en mille actions de deux cents livres sterling chacune :

Nous, soussignés, dont les noms et adresses sont ci-dessous, désirons nous former en compagnie, dans le but exprimé par ce Mémorandum d'Association et nous consentons à souscrire sur le capital de la compagnie le nombre d'actions indiqué en regard de nos noms respectifs.

NOMS, ADRESSES ET QUALITÉS DES SOUSCRIPTEURS.	NOMBRE d'actions prises par chaque souscripteur.
1. John Jones de comté de négociant.	200
2. John Smith de comté de .	25
3. Thomas Green de comté de .	30
4. John Thompson de comté de .	40
5. Caleb White de comté de .	15
6. Andrew Brown de comté de .	5
7. Cæsar White de comté de .	10
Total des actions souscrites.....	325

Daté le 22 Novembre 1861.

Témoin des signatures ci-dessus,

A. B. n° 13, Hute-Street, Clerkenwell, Middlesex.

II

TABLE A

ANNEXED TO THE ACT OF 1862.

REGULATIONS FOR MANAGEMEMT OF A COMPANY LIMITED BY SHARES.

NOTE. — *These regulations only apply when a company is registered without articles.*

SHARES.

1. If several persons are registered as joint holders of any share, any one of such persons may give effectual receipts for any dividend payable in respect of such share.

2. Every member shall, on payment of one shilling, or such less sum as the company in general meeting may prescribe, be entitled to a certificate, under the common seal of the company, specifying the share or shares held by him, and the amount paid up thereon.

3. If such certificate is worn out or lost, it may be renewed, on payment of one shilling, or such less sum as the company in general meeting may prescribe.

II

TABLE A

ANNEXÉE A LA LOI DE 1862

RÈGLEMENTS POUR L'ADMINISTRATION D'UNE COMPAGNIE PAR ACTIONS A RESPONSABILITÉ LIMITÉE.

NOTA. — *Ces règlements ne sont applicables qu'aux Compagnies enregistrées sans Articles spéciaux.*

ACTIONS.

1. Quand plusieurs personnes sont inscrites comme co-propriétaires d'une action, n'importe laquelle d'entre elles peut donner quittance valable pour tout dividende payable sur ladite action.

2. Chaque membre, moyennant paiement d'un shilling ou de telle autre moindre somme que la compagnie réunie en assemblée générale peut prescrire, aura droit à un certificat revêtu du sceau officiel de la compagnie spécifiant l'action ou les actions dont il est propriétaire et les versements effectués de ce chef.

3. Si ce certificat vient à être usé ou perdu, on peut le renouveler en payant un shilling ou telle autre moindre somme prescrite par la compagnie en assemblée générale.

CALLS ON SHARES.

4. The directors may, from time to time, make such calls upon the members in respect of all monies unpaid on their shares as they think fit, provided that twenty-one days'notice at least is given of each call ; and each member shall be liable to pay the amount of calls so made to the persons and at the times and places appointed by the directors.

5. A call shall be deemed to have been made at the time when the resolution of the directors authorizing such call was passed.

6. If the call payable in respect of any share is not paid before or on the day appointed for payment thereof, the holder for the time being of such share shall be liable to pay interest for the same, at the rate of five pounds per cent. per annum, from the day appointed for the payment thereof to the time of the actual payment.

7. The directors may, if they think fit, receive from any member willing to advance the same, all or any part of the monies due upon the shares held by him beyond the sums actually called for; and upon the monies so paid in advance, or so much thereof as from time to time exceeds the amount of the calls then made upon the shares in respect of which such advance has been made, the company may pay interest at such rate as the member paying such sum in advance and the directors agree upon.

TRANSFERS OF SHARES.

8. The instrument of transfer of any share in the com-

APPELS DE FONDS.

4. Les administrateurs peuvent, quand ils le jugent convenable, faire des appels de fonds pour tout ce qui reste à verser sur leurs actions, pourvu qu'avis de chaque appel de fonds ait été donné au moins vingt et un jours à l'avance, et chacun des membres sera tenu de verser le montant ainsi réclamé des appels de fonds entre les mains de telles personnes, à telle époque et à tel endroit, que les administrateurs auront désignés.

5. Un appel de fonds sera considéré comme fait dès le moment que la résolution qui autorise cet appel aura été prise par les administrateurs.

6. Si le versement à faire sur une action n'est pas effectué avant la date ou à la date du jour indiqué pour ledit paiement, le porteur actuel de cette action sera passible de l'intérêt sur ce montant au taux de 5 0/0 par an, à partir du jour fixé pour ce versement, jusqu'au jour où le paiement est effectué.

7. Les administrateurs peuvent, s'ils le jugent convenable, recevoir de chaque membre disposé à en faire l'avance, tout ou portion de l'argent qu'il redoit sur ses actions en dehors des sommes dont les versements ont déjà été appelés ; et sur les sommes ainsi payées par anticipation, ou sur le montant qui peut, occasionnellement, dépasser celui des appels faits jusqu'à ce moment là sur les actions sur lesquelles ce paiement a été fait par anticipation, la Compagnie peut servir un intérêt à tel taux qui sera convenu entre les administrateurs et le membre qui paie par anticipation.

TRANSFERTS D'ACTIONS.

8. L'acte de transfert d'une action de la Compagnie

pany shall be executed both by the transferor and transferee, and the transferor shall be deemed to remain a holder of such shar until the name of the transferee is entered in the register book in respect thereof.

9. Shares in the company shall be transferred in the following form : — I, *A.B.*, of——, in consideration of the sum of —— pounds paid to me by *C.D*, of——, do hereby transfer to the said *C.D.* the share (*or* shares) numbered—— standing in my name in the books of the——Company, to hold unto the said *C.D.*, his executors, administrators, and assigns, subject to the several conditions on which I held the same at the time of the execution hereof ; and I the said *C.D.*, do hereby agree to take the said share (*or* shares) subject to the same conditions. As witness our hands the ——day of——.

10. The company may decline to register any transfer of shares made by a member who is indebted to them.

11. The transfer books shall be closed during the fourteen days immediately preceding the ordinary general meeting in each year.

TRANSMISSION OF SHARES.

12. The executors or administrators of a deceased member shall be the only persons recognized by the company as having any title to his share.

13. Any person becoming entitled to a share in consequence of the death, bankruptcy, or insolvency of any member, or in consequence of the marriage of any female member, may be registered as a member upon such evidence being produced as may from time to time be required by the company.

devra être à la fois passé par le cédant et par le cessionnaire, et jusqu'à ce que le nom du cessionnaire soit inscrit sur le registre des membres, le cédant sera censé demeurer porteur du titre.

9. Les actions de la Compagnie seront transférées de la manière suivante :

Moi, A. B., demeurant à..... vu le paiement de la somme de..... livres sterling qui m'a été fait par C. D., demeurant à....., je transfère par le présent acte audit C. D. l'action n°..... (*ou les actions*) inscrite en mon nom sur les livres de la Compagnie..... pour ledit C. D., ses exécuteurs testamentaires, administrateurs et ayants droits, les détenir en s'assujettissant aux diverses conditions auxquelles je suis moi-même assujetti au moment où le présent acte est passé, et moi, ledit C. D., je consens, par cet acte, à prendre ladite action (*ou lesdites actions*) sous ces mêmes conditions. En foi de quoi, nos signatures, ce..... 188 .

10. La Compagnie peut refuser d'enregistrer un transfert d'action fait par un membre qui est son débiteur.

11. Les livres de transferts seront fermés pendant les quatorze jours qui précèdent l'assemblée générale ordinaire de chaque année.

TRANSMISSION D'ACTIONS.

12. Les exécuteurs testamentaires ou les administrateurs de la succession d'un membre décédé seront les seules personnes reconnues par la compagnie comme ayant un droit sur l'action du défunt.

13. Toute personne se trouvant avoir droit à une action par suite de la mort, de la faillite ou de l'insolvabilité d'un membre ou par suite du mariage d'une femme actionnaire peut être inscrite comme membre après avoir fourni telles preuves, qui, en telle ou telle occasion, peuvent être exigées par la compagnie.

14. Any person who has become entitled to a share in consequence of the death, bankruptcy, or insolvency of any member, or in consequence of the marriage of any female member, may, instead of being registered himself, elect to have some person to be named by him registered as a transferee of such share.

15. The person so becoming entitled shall testify such election by executing to his nominee an instrument of transfer of such share.

16. The instrument of transfer shall be presented to the company, accompanied with such evidence as the directors may require to prove the title of the transferor, and thereupon the company shall register the transferee as a member.

FORFEITURE OF SHARES.

17. If any member fails to pay any call on the day appointed for payment thereof, the directors may, at any time thereafter, during such time as the call remains unpaid, serve a notice on him, requiring him to pay such call, together with interest and any expenses that may have accrued by reason of such non-payment.

18. The notice shall name a further day, on or before which such call, and all interest and expenses that have accrued by reason of such non-payment, are to be paid. It shall also name the place where payment is to be made (the place so named being either the registered office of the company or some other place at which calls of the company are usually made payable). The notice shall also state that in the event of non-payment at or before the time and at the place appointed, the shares in respect of which such call was made will be liable to be forfeited.

14. Toute personne qui s'est trouvée avoir droit à une action par suite de la mort, de la faillite ou de l'insolvabilité d'un membre ou par suite du mariage d'une femme actionnaire, a le choix d'être inscrite elle-même ou de désigner une autre personne qui sera inscrite comme cessionnaire de cette action.

15. La personne qui se trouve ainsi avoir droit au titre devra manifester cette intention de nommer une autre personne à sa place en faisant passer un acte de transfert de cette action en faveur de son représentant.

16. Cet acte de transfert sera présenté à la compagnie accompagné de telles preuves que les administrateurs peuvent exiger pour établir le droit de celui qui fait le transfert, après quoi, la compagnie fera inscrire comme membre la personne à qui aura été fait le transport de l'action.

DÉCHÉANCE D'ACTIONS.

17. Faute par un membre d'avoir effectué un versement au jour fixé, les administrateurs pourront ensuite, n'importe à quelle époque, et aussi longtemps que le versement n'est pas fait, lui signifier une notification d'avoir à faire ce paiement, augmenté des intérêts et des frais qui pourraient avoir été occasionnés par ce non-paiement.

18. La notification indiquera une autre époque à laquelle ou avant laquelle devra être effectué ce versement, augmenté des intérêts et des frais occasionnés par le non-paiement. Elle indiquera en outre le lieu où le paiement devra être effectué, et qui sera le siège social de la compagnie, ou tout autre endroit où les versements de la compagnie se font ordinairement. Elle doit aussi déclarer qu'en cas de non-paiement au jour ou avant le jour fixé et à l'endroit désigné, les actions sur lesquelles cet appel de fonds avait été fait, seront susceptibles d'être frappées de déchéance.

19. If the requisitions of any such notice as aforesaid are not complied with, any share in respect of which such notice has been given may at any time thereafter, before payment of all calls, interest, and expenses due in respect thereof has been made, be forfeited, by a resolution of the directors to that effect.

20. Any share so forfeited shall be deemed to be the property of the company, and may be disposed of in such manner as the company in general meeting thinks fit.

21. Any member whose shares have been forfeited shall notwithstanding be liable to pay to the company all calls owing upon such shares at the time of the forfeiture.

22. A statutory declaration in writing, that the call in respect of a share was made and notice thereof given, and that default in payment of the call was made, and that the forfeiture of the share was made by a resolution of the directors to that effect, shall be sufficient evidence of the facts therein stated, as against all persons entitled to such share, and such declaration and the receipt of the company for the price of such share shall constitute a good title to such share, and a certificate of proprietorship shall be delivered to a purchaser, and thereupon he shall be deemed the holder of such share, discharged from all calls due prior to such purchase; and he shall not be bound to see to the application of the purchase-money, nor shall his title to such share be affected by any irregularity in the proceedings in reference to such sale.

CONVERSION OF SHARES INTO STOCK.

23. The directors may, with the sanction of the company previously given in general meeting, convert any paid-up shares into stock.

19. S'il n'est pas tenu compte des réquisitions de cette notification, toute action qui aura donné lieu à cette notification pourra ensuite, à n'importe quel moment avant le paiement de tous les appels de fonds et des intérêts et frais occasionnés de ce chef, être frappée de déchéance par une résolution des administrateurs, passée à cet effet.

20. Toute action ainsi frappée de déchéance sera considérée comme devenue la propriété de la compagnie, et il pourra en être disposé comme la compagnie, réunie en assemblée générale, le jugera convenable.

21. Tout membre dont les actions ont été frappées de déchéance, sera néanmoins responsable envers la compagnie du paiement de toutes sommes dues pour appels de fonds sur lesdites actions à l'époque de leur déchéance.

22. Une déclaration statutaire par écrit, constatant que l'appel de fonds sur une action a été fait, et que notification en a été signifiée, que le versement sur l'appel n'a pas été effectué et que l'action a été frappée de déchéance, par suite d'une résolution prise à cet effet par les administrateurs, constituera une preuve suffisante des faits y énoncés, contre toutes personnes ayant droit à ladite action, et cette déclaration, jointe au reçu donné par la Compagnie, du montant du prix de ladite action, établira un titre valable à la possession de cette action, et un certificat de propriété sera alors délivré à l'acheteur, en vertu duquel il sera considéré comme propriétaire de cette action indemne de tous appels dus antérieurement à cet achat, et il ne sera pas obligé de s'occuper de l'application de l'argent de l'achat de vente ; et son droit à l'action ne sera affecté par aucune irrégularité dans les formalités se rapportant à cette vente.

CONVERSIONS DES ACTIONS EN STOCK.

23. Les administrateurs peuvent, avec le consentement préalable de la compagnie, donné en assemblée générale, convertir n'importe quelles actions libérées en stock.

24. When any shares have been converted into stock, the several holders of such stock may thenceforth transfer their respective interests therein, or any part of such interests, in the same manner and subject to the same regulations as and subject to which any shares in the capital of the company may be transferred, or as near thereto as circumstances admit.

25. The several holders of stock shall be entitled to participate in the dividends and profits of the company, according to the amount of their respective interests in such stock; and such interests shall, in proportion to the amount thereof, confer on the holders thereof respectively the same privileges and advantages for the purpose of voting at meetings of the company, and for other purposes, as would have been conferred by shares of equal amount in the capital of the company; but so that none of such privileges or advantages, except the participation in the dividends and profits of the company, shall be conferred by any such aliquot part of consolidated stock as would not, if existing in shares, have conferred such privileges or advantages.

INCREASE IN CAPITAL.

26. The directors may, with the sanction of a special resolution of the company previously given in general meeting, increase its capital by the issue of new shares, such aggregate increase to be of such amount, and to be divided into shares of such respective amounts, as the company in general meeting directs, or, if no direction is given, as the directors think expedient.

27. Subject to any direction to the contrary that may

24. Lorsque des actions ont été converties en stock, les divers détenteurs de ce stock peuvent transférer dès lors leurs intérêts respectifs, ou toute partie quelconque de leurs intérêts représentés par ces titres, de la même manière, et en se conformant aux mêmes règles, d'après lesquelles les autres actions de capital de la compagnie peuvent être transférées ; ou du moins en s'y conformant autant que les circonstances l'admettront.

25. Les divers détenteurs de stock auront droit de participation aux dividendes et bénéfices de la compagnie, proportionnellement à la valeur respective de leurs intérêts engagés dans ce stock, et ces intérêts, proportionnellement à leur valeur, confèreront aux porteurs de ces titres, respectivement, les mêmes privilèges et avantages, en ce qui concerne le vote aux assemblées de la compagnie, et pour tout autre objet, qui leur auraient été conférés comme porteurs d'actions de capital de la compagnie représentant le même montant ; mais cela, cependant, de telle façon qu'aucun de ces privilèges ou avantages, sauf la participation aux dividendes et bénéfices de la compagnie, ne soit conféré par une fraction du stock qui, si elle était représentée par des actions, n'aurait pas conféré ces privilèges et avantages.

AUGMENTATION DU CAPITAL.

26. Les administrateurs peuvent, en vertu d'une résolution spéciale de la compagnie passée préalablement en assemblée générale, augmenter leur capital par l'émission de nouvelles actions. Le total de cette augmentation totale devant représenter tel montant, et être divisé en actions de telle valeur respective que la compagnie déterminera en assemblée générale ; ou bien, s'il n'y a pas d'instructions données par la compagnie, l'augmentation aura lieu comme les administrateurs le jugeront expédient.

27. A moins qu'à l'assemblée où l'augmentation du ca-

be given by the meeting that sanctions the increase of capital, all new shares shall be offered to the members in proportion to the existing shares held by them, and such offer shall be made by notice specifying the number of shares to which the member is entitled, and limiting a time within which the offer, if not accepted, will be deemed to be declined, and after the expiration of such time, or on receipt of an intimation from the member to whom such notice is given that he declines to accept the shares offered, the directors may dispose of the same in such manner as they think most beneficial to the company.

28. Any capital raised by the creation of new shares shall be considered as part of the original capital, and shall be subject to the same provisions with reference to the payment of calls, and the forfeiture of shares on non-payment of calls, or otherwise, as if it had been part of the original capital.

GENERAL MEETINGS.

29. The first general meeting shall be held at such time, not being more than six months after the registration of the company, and at such place, as the directors may determine.

30. Subsequent general meetings shall be held at such time and place as may be prescribed by the company in general meeting; and if no other time or place is prescribed, a general meeting shall be held on the first Monday in February in every year, at such place as may be determined by the directors.

31. The above-mentioned general meetings shall be called

pital a été sanctionnée il n'en ait été décidé autrement, toutes les actions nouvelles seront offertes aux membres, au prorata des actions dont ils sont porteurs : et cette offre leur sera faite dans un avis spécifiant le nombre d'actions auquel chaque membre a droit, et limitant un délai à l'expiration duquel l'offre, si elle n'était pas acceptée, serait considérée comme ayant été refusée ; et, à l'expiration de ce délai, ou bien au reçu d'une intimation du membre à qui cette notification a été faite, et qui refuse les actions qui lui sont offertes, les administrateurs pourront disposer de ces titres de la manière qu'ils jugeront la plus avantageuse pour la compagnie.

28. Tout capital provenant de la création d'actions nouvelles, sera considéré comme partie intégrante du capital primitif, et sera sujet aux mêmes règlements que les anciennes actions en ce qui a rapport au paiement des appels de fonds et à la déchéance des actions, soit pour non-paiement des appels de fonds ou pour un autre motif, et cela, absolument comme si ce nouveau capital avait formé partie du capital primitif.

ASSEMBLÉES GÉNÉRALES.

29. La première assemblée générale aura lieu dans les quatre mois qui suivront l'enregistrement de la compagnie, à l'époque et à l'endroit que les administrateurs désigneront.

30. Les assemblées générales suivantes se tiendront à l'époque et à l'endroit désignés par la compagnie réunie en assemblée générale ; et si on ne fixe pas d'autre époque ou d'autre lieu de réunion, une assemblée générale annuelle devra avoir lieu le premier lundi du mois de février de chaque année, à l'endroit déterminé par les administrateurs.

31. Les assemblées générales plus haut mentionnées seront appelées « assemblées générales ordinaires » ; toutes

ordinary meetings; all other general meetings shall be called extraordinary.

32. The directors may, whenever they think fit, and they shall upon a requisition made in writing by not less than one fifth in number of the members of the company, convene an extraordinary general meeting.

33. Any requisition made by the members shall express the object of the meeting proposed to be called, and shall be left at the registered office of the company.

34. Upon the receipt of such requisition the directors shall forthwith proceed to convene an extraordinary general meeting. If they do not proceed to convene the same within twenty-one days from the date of the requisition, the requisitionists, or any other members amounting to the required number, may themselves convene an extraordinary general meeting.

PROCEEDINGS AT GENERAL MEETINGS.

35. Seven days' notice, at the least, specifying the place, the day, and the hour of meeting, and in case of special business the general nature of such business, shall be given to the members in manner hereinafter mentioned, or in such other manner, if any, as may be prescribed by the company in general meeting; but the non receipt of such notice by any member shall not invalidate the proceedings at any general meeting.

36. All business shall be deemed special that is transacted at an extraordinary meeting, and all that is transacted at an ordinary meeting, with the exception of sanctioning a dividend and the consideration of the accounts, balance-sheets, and the ordinary report of the directors.

les autres assemblées générales seront appelées « assemblées générales extraordinaires ».

32. Les administrateurs pourront convoquer, quand cela leur semblera convenable, une assemblée générale extraordinaire, et ils seront tenus de le faire chaque fois qu'ils en auront été requis par demande écrite par le cinquième au moins des membres de la compagnie.

33. Toute demande présentée par les membres stipulera l'objet de l'assemblée qu'on se propose de convoquer et sera déposée au siège social de la compagnie.

34. Au reçu de cette demande, les administrateurs prendront de suite des mesures pour la convocation d'une assemblée générale extraordinaire. S'ils ne procèdent pas à la convocation de cette assemblée dans les vingt et un jours qui suivent le dépôt de cette requête, les requérants, ou n'importe quels autres membres, pourvu qu'ils soient en nombre suffisant, auront le droit de convoquer eux-mêmes une assemblée générale extraordinaire.

MODE DE PROCÉDURE DANS LES ASSEMBLÉES GÉNÉRALES.

35. Un avis spécifiant l'endroit, le jour et l'heure de l'assemblée et en cas de questions spéciales, la nature générale de ces questions, sera signifié au moins sept jours auparavant, aux membres, de la manière ci-après mentionnée ou de toute autre manière, s'il y en a une de prescrite par la compagnie en assemblée générale ; mais la non-réception de cet avis par un membre n'invalidera pas les décisions prises dans une assemblée générale.

36. Toutes les affaires qui seront l'objet de délibérations dans une « assemblée générale extraordinaire » seront regardées comme « spéciales », ainsi que les délibérations d'assemblée générale ordinaire, à l'exception de la sanction d'un dividende, de l'examen des comptes, du bilan et du rapport ordinaire des administrateurs.

37. No business shall be transacted at any general meeting, except the declaration of a dividend, unless a quorum of members is present at the time when the meeting proceeds to business; and such quorum shall be ascertained as follows; that is to say, if the persons who have taken shares in the company at the time of the meeting do not exceed ten in number, the quorum shall be five; if they exceed ten there shall be added to the above quorum one for every five additional members up to fifty, and one for every ten additional members after fifty, with this limitation, that no quorum shall in any case exceed twenty.

38. If within one hour from the time appointed for the meeting a quorum is not present, the meeting, if convened upon the requisition of members, shall be dissolved: in any other case it shall stand adjourned to the same day in the next week, at the same time and place; and if at such adjourned meeting a quorum is not present, it shall be adjourned *sine die*.

39. The chairman (if any) of the board of directors shall preside as chairman at every general meeting of the company.

40. If there is no such chairman, or if at any meeting he is not present within fifteen minutes after the time appointed for holding the meeting, the members present shall choose some one of their number to be chairman.

41. The chairman may, with the consent of the meeting, adjourn any meeting from time to time and from place to place, but no business shall be transacted at any adjourned meeting other than the business left unfinished at the meeting from which the adjournment took place.

42. At any general meeting, unless a poll is demanded

37. Sauf pour la déclaration d'un dividende, il ne sera procédé en assemblée générale à aucune délibération sur les affaires, à moins que les membres ne se trouvent en nombre suffisant pour former un *quorum*, au moment où l'assemblée entrera en séance. Ce quorum sera constaté de la manière suivante : si le nombre de ceux qui ont pris des actions de la compagnie à l'époque où l'assemblée aura lieu ne dépasse pas dix, le quorum sera de cinq ; s'il dépasse dix, on ajoutera à ce quorum un membre par cinq membres additionnels, jusqu'à cinquante ; et un par dix membres additionnels au delà de cinquante, mais avec cette réserve que le quorum ne pourra, en aucun cas, dépasser le chiffre de vingt.

38. Si dans l'espace d'une heure à partir du moment fixé pour l'assemblée, les membres présents ne constituent pas un quorum, l'assemblée, si elle a été convoquée sur la réquisition des membres, sera dissoute. Dans tout autre cas, elle sera remise à huitaine pour le même jour, la même heure et au même endroit ; et si à l'assemblée ainsi ajournée les membres présents ne forment pas un quorum, elle sera ajournée « *sine die* ».

39. Le président (s'il y en a un) du conseil d'administration siégera comme président lors de chaque assemblée générale de la compagnie.

40. S'il n'y a pas de président du conseil d'administration, ou si, lors de quelque assemblée, le président ne se trouve pas présent dans les quinze minutes qui suivent l'heure indiquée pour l'ouverture de la séance, les membres présents choisiront l'un d'entre eux comme président.

41. Le président peut, avec l'assentiment de l'assemblée, ajourner toute assemblée d'une époque à une autre et d'un endroit à un autre. Mais, dans cette seconde assemblée, il ne pourra point y avoir de délibération sur des affaires autres que celles qui avaient été laissées inachevées à l'assemblée dont l'ajournement a eu lieu.

42. Dans toute assemblée générale, à moins que le

by at least five members, a declaration by the chairman that a resolution has been carried, and an entry to that effect in the book of proceedings of the company, shall be sufficient evidence of the fact, without proof of the number or proportion of the votes recorded in favour of or against such resolution.

43. If a poll is demanded by five or more members it shall be taken in such manner as the chairman directs, and the result of such poll shall be deemed to be the resolution of the company in general meeting. In the case of an equality of votes at any general meeting the chairman shall be entitled to a second or casting vote.

VOTES OF MEMBERS.

44. Every member shall have one vote for every share up to ten: he shall have an additional vote for every five shares beyond the first ten shares up to one hundred, and an additional vote for every ten shares beyond the first hundred shares.

45. If any member is a lunatic or idiot he may vote by his committee, curator bonis, or other legal curator.

46. If one or more persons are jointly entitled to a share or shares, the member whose name stands first in the register of members as one of the holders of such share or shares, and no other, shall be entitled to vote in respect of the same.

47. No member shall be entitled to vote at any general meeting unless all calls due from him have been paid, and no member shall be entitled to vote in respect of any share that he has acquired by transfer at any meeting held after

scrutin ne soit demandé par cinq membres au moins, la déclaration du président qu'une résolution a été prise et l'inscription à cet effet de cette résolution sur le registre des procès-verbaux de l'assemblée suffiront de preuve du fait, sans qu'il soit besoin de la constatation du nombre ou de la proportion des votes pour ou contre cette résolution.

43. Si le scrutin est demandé par cinq ou par plus de cinq membres, il y sera procédé en la manière indiquée par le président, et le résultat de ce scrutin sera considéré comme étant la résolution prise par la compagnie en assemblée générale. En cas d'égalité de voix dans une assemblée générale, le président aura droit à une voix de plus, c'est-à-dire à la prépondérance.

VOTES DES MEMBRES.

44. Chaque membre aura droit à une voix par action jusqu'à concurrence de dix, il aura une voix de plus par cinq actions au-dessus de ces dix actions jusqu'à cent et une voix de plus par dix actions, au delà des cent premières actions.

45. Si un membre est frappé de démence, son conseil de famille, le curateur de ses biens ou tout autre curateur légal votera pour lui.

46. Si plusieurs personnes ont droit à la propriété conjointe d'une ou de plusieurs actions, le membre dont le nom est porté le premier sur le registre des membres comme celui d'un des propriétaires de cette action ou de ces actions, aura seul le droit de vote que confère la propriété de cette action ou de ces actions.

47. Aucun membre n'aura qualité pour voter dans une assemblée générale, à moins que tous les versements sur appels de fonds dus par lui n'aient été effectués; et aucun membre n'aura le droit de voter comme porteur d'une

the expiration of three months from the registration of the company, unless he has been possessed of the share in respect of which he claims to vote for at least three months previously to the time of holding the meeting at which he proposes to vote.

48. Votes may be given either personally or by proxy.

49. The instrument appointing a proxy shall be in writing, under the hand of the appointor, or if such appointor is a corporation, under their common seal, and shall be attested by one or more witness or witnesses. No person shall be appointed a proxy who is not a member of the company.

50. The instrument appointing a proxy shall be deposited at the registered office of the company not less than seventy-two hours before the time for holding the meeting at which the person named in such instrument proposes to vote, but no instrument appointing a proxy shall be valid after the expiration of twelve months from the date of its execution.

51. Any instrument appointing a proxy shall be in the following form:

Company Limited.

I, of , in the county of , being a member of the Company Limited, and entitled to vote [*or* votes], hereby appoint of as my proxy, to vote for me and on my behalf at the [ordinary *or* extraordinary, *as the case may be*] general meeting of the company to be held on the day of , and at any adjournment thereof [*or*, at any meeting of the company that may be held in the year].

As witness my hand, this day of

Signed by the said in the presence of

action acquise par transfert, dans aucune assemblée se tenant après l'expiration des trois mois qui suivent l'enregistrement de la compagnie, à moins qu'il n'ait été propriétaire de l'action en vertu de laquelle il réclame son droit de vote, au moins pendant les trois mois qui auront précédé le jour où se tient l'assemblée à laquelle il se propose de voter.

48. Les voix pourront être données personnellement ou par procuration.

49. L'acte qui nomme un mandataire sera écrit ; il sera signé de la main de la personne qui confère le pouvoir ; si c'est une corporation qui délègue son mandat, l'acte sera revêtu de son sceau officiel et sera attesté par un ou plusieurs témoins. Aucune personne autre qu'un membre de la compagnie ne peut être désignée comme mandataire.

50. L'acte qui nomme un mandataire devra être déposé au siège social de la compagnie, au moins soixante-douze heures avant l'heure fixée pour la réunion de l'assemblée à laquelle la personne dénommée dans cet acte se propose de voter, et aucune procuration nommant un mandataire ne sera valide après l'expiration des douze mois qui suivront la date du jour où elle a été donnée.

51. Tout acte déléguant un mandat devra être rédigé d'après la formule suivante :

Compagnie..... à responsabilité limitée.

« Moi, A. B., de..... dans le comté de....., membre de la Compagnie..... (limited) ayant droit à..... voix, je constitue par le présent acte..... de..... comme mon mandataire, pour voter pour moi et en mon nom à l'assemblée générale (ordinaire ou extraordinaire) de la compagnie qui se tiendra le...... et à toute époque à laquelle ladite assemblée sera ajournée (ou à toute assemblée qui pourra se tenir pendant l'année).

» En foi de quoi j'ai signé.

» Le..... 188 .

» Signé par ledit..... en présence de......

DIRECTORS.

52. The number of the directors, and the names of the first directors, shall be determined by the subscribers of the memorandum of association.

53. Until directors are appointed the subscribers of the memorandum of association shall be deemed to be directors.

54. The future remuneration of the directors and their remuneration for services performed previously to the first general meeting shall be determined by the company in general meeting.

POWERS OF DIRECTORS.

55. The business of the company shall be managed by the directors, who may pay all expenses incurred in getting up and registering the company, and may excercise all such powers of the company as are not by the foregoing Act, or by these articles, required to be exercised by the company in general meeting, subject nevertheless to any regulations of these articles, to the provisions of the foregoing Act, and to such regulations, being not inconsistent with the aforesaid regulations or provisions, as may be prescribed by the company in general meeting; but no regulation made by the company in general meeting shall invalidate any prior act of the directors which would have been valid if such regulation had not been made.

56. The continuing directors may act notwithstanding any vacancy in their body.

ADMINISTRATEURS.

52. Le nombre des administrateurs et les noms des premiers administrateurs seront déterminés par les signataires du mémorandum d'association.

53. En attendant que des administrateurs soient nommés, les signataires du mémorandum d'association seront considérés comme administrateurs.

54. La rémunération future des administrateurs et celle qui leur est due pour services rendus antérieurement à la première assemblée générale, seront fixées par la compagnie en assemblée générale.

POUVOIRS DES ADMINISTRATEURS.

55. Les affaires de la compagnie seront dirigées par les administrateurs, qui peuvent payer toutes les dépenses encourues en formant et en faisant enregistrer la compagnie, et exercer tous les pouvoirs de la compagnie qui ne sont pas, par la précédente loi ou par les présents articles, réservés à la compagnie pour qu'elle les exerce en assemblée générale, à condition toutefois de se conformer à tous les règlements énoncés par ces articles, aux prévisions de la loi et à toutes dispositions, qui, sans être incompatibles avec les stipulations ou prévisions sus-mentionnées, peuvent être prescrites par la compagnie, en assemblée générale; mais aucun règlement prescrit par la compagnie en assemblée générale n'invalidera une mesure antérieure prise par les administrateurs, qui aurait été valide si ce règlement n'avait pas été adopté.

56. Les administrateurs restant aux fonctions peuvent continuer à diriger les affaires de la Compagnie, malgré les vacances qui pourraient s'être produites dans le Conseil.

DISQUALIFICATION OF DIRECTORS.

57. The office of director shall be vacated, —

If he holds any other office or place of profit under the company;

If he becomes bankrupt or insolvent;

If he is concerned in or participates in the profits of any contract with the company;

But the above rules shall be subject to the following exceptions: — That no director shall vacate his office by reason of his being a member of any company which has entered into contracts with or done any work for the company of which he is a director; nevertheless he shall not vote in respect of such contract or work; and if he does so vote his vote shall not be counted.

ROTATION OF DIRECTORS.

58. At the first ordinary meeting after the registration of the company the whole of the directors shall retire from office; and at the first ordinary meeting in every subsequent year one third of the directors for the time being, or if their number is not a multiple of three, then the number nearest to one third, shall retire from office.

59. The one third or other nearest number to retire during the first and second years ensuing the first ordinary meeting of the company shall, unless the directors agree among themselves, be determined by ballot: in every subsequent year the one third or other nearest number who have been longest in office shall retire.

60. A retiring director shall be re-eligible.

« DISQUALIFICATION » D'UN ADMINISTRATEUR.

57. Le poste d'administrateur deviendra vacant :

Si l'administrateur remplit un autre emploi ou d'autres fonctions salariées dans la compagnie.

S'il tombe en faillite ou devient insolvable.

S'il est intéressé ou s'il participe dans les profits d'un marché avec la compagnie.

Mais les règlements ci-dessus sont sujets aux exceptions suivantes :

Un administrateur ne perdra pas sa position, par la raison qu'il est membre d'une autre compagnie, qui aurait passé des marchés avec la compagnie dont il est administrateur, ou qui aurait exécuté des travaux pour elle; néanmoins, il ne devra pas voter en ce qui touche ces marchés ou travaux, et, s'il le fait, son vote sera annulé.

REMPLACEMENT A TOUR DE ROLE DES ADMINISTRATEURS.

58. A la première assemblée générale ordinaire qui se tiendra après l'enregistrement de la compagnie, tous les administrateurs se retireront; et à la première assemblée ordinaire de chaque année suivante, un tiers des administrateurs en fonctions, ou, si leur nombre n'est pas un multiple de trois, le nombre qui se rapproche le plus du tiers, se retirera.

59. C'est par voie de tirage au sort, à moins que les administrateurs ne s'arrangent entre eux, qu'il sera décidé quel est le tiers, ou le nombre d'administrateurs qui se rapproche le plus du tiers qui doit se retirer à la fin de la première et de la seconde année après la première assemblée ordinaire de la compagnie. Chaque année ce tiers ou tout nombre s'en rapprochant le plus, sera composé des administrateurs qui ont été le plus longtemps en fonctions.

60. Tout administrateur sortant sera rééligible.

61. The company at the general meeting at which any directors retire in manner aforesaid shall fill up the vacated offices by electing a like number of persons.

62. If at any meeting at which an election of directors ought to take place the places of the vacating directors are not filled up, the meeting shall stand adjourned till the same day in the next week, at the same time and place; and if at such adjourned meeting the places of the vacating directors are not filled up, the vacating directors, or such of them as have not had their places filled up, shall continue in office until the ordinary meeting in the next year, and so on from time to time until their places are filled up.

63. The company may from time to time, in general meeting, increase or reduce the number of directors, and may also determine in what rotation such increased or reduced number is to go out of office.

64. Any casual vacancy occurring in the board of directors may be filled up by the directors, but any person so chosen shall retain his office so long only as the vacating director would have retained the same if no vacancy had occurred.

65. The company, in general meeting, may, by a special resolution, remove any director before the expiration of his period of office, and may by an ordinary resolution appoint another person in his stead: the person so appointed shall hold office during such time only as the director in whose place he is appointed would have held the same if he had not been removed.

61. Lorsque, dans une assemblée générale, des administrateurs se seront retirés de la manière indiquée plus haut, l'assemblée générale remplira les sièges vacants en choisissant un nombre de personnes égal à celui des administrateurs qui ont résigné leurs fonctions.

62. Si dans une assemblée où une élection d'administrateurs aurait dû avoir lieu, les sièges vacants d'administrateurs ne sont pas remplis, l'assemblée sera ajournée à huitaine pour le même jour, au même endroit et à la même heure; et si dans cette assemblée ajournée on ne remplit pas ces sièges vacants d'administrateurs, les administrateurs sortants, ou ceux d'entre eux qui n'ont pas été remplacés, resteront en fonctions jusqu'à l'assemblée ordinaire de l'année suivante et ainsi de suite, jusqu'à leur remplacement.

63. La compagnie peut, en tout temps, augmenter ou réduire, en assemblée générale, le nombre des administrateurs et aussi déterminer en quel ordre ce nombre ainsi augmenté ou réduit d'administrateurs se renouvellera.

64. S'il venait à se produire une vacance dans le conseil d'administration, les administrateurs pourraient la remplir, mais la personne ainsi choisie ne remplira ses fonctions que pendant le temps durant lequel l'administrateur qu'il remplace aurait dû rester à son poste si cette vacance ne s'était pas produite.

65. La compagnie peut, en assemblée générale, révoquer, par résolution spéciale, tout administrateur avant l'expiration de ses fonctions, et nommer, par résolution ordinaire, une autre personne à sa place. La personne ainsi nommée ne restera en fonctions que pendant le temps durant lequel l'administrateur qu'elle remplace aurait dû y rester s'il n'avait pas été révoqué.

PROCEEDINGS OF DIRECTORS.

66. The directors may meet together for the despatch of business, adjourn, and otherwise regulate their meetings at they think fit, and determine the quorum necessary for the transaction of business : questions arising at any meeting shall be decided by a majority of votes : in case of an equality of votes the chairman shall have a second or casting vote : a director may at any time summon a meeting of the directors.

67. The directors may elect a chairman of their meetings, and determine the period for which he is to hold office ; but if no such chairman is elected, or if at any meeting the chairman is not present at the time appointed for holding the same, the directors present shall choose some one of their number to be chairman of such meeting.

68. The directors may delegate any of their powers to committees consisting of such member or members of their body as they think fit : any committee so formed shall, in the exercise of the powers so delegated, conform to any regulations that may be imposed on them by the directors.

69. A committee may elect a chairman of their meetings : if no such chairman is elected, or if he is not present at the time appointed for holding the same, the members present shall choose one of their number to be chairman of such meeting.

70. A committee may meet and adjourn as they think proper : questions arising at any meeting shall be determined by a majority of votes of the members present : and in case of an equality of votes the chairman shall have a second or casting vote.

FONCTIONS DES ADMINISTRATEURS.

66. Les administrateurs peuvent se réunir pour l'expédition des affaires, s'ajourner, et aussi s'arranger pour leurs réunions comme bon leur semble, et déterminer le « quorum » nécessaire pour délibérer sur les affaires. Les questions soulevées dans leurs réunions seront décidées à la majorité des voix. En cas d'égalité de votes, le président aura une voix de plus, c'est-à-dire une voix prépondérante. Un seul administrateur peut, en tout temps, convoquer une réunion du conseil.

67. Le conseil d'administration peut élire un président pour ses réunions et déterminer la période pendant laquelle il gardera la présidence; mais si aucun président n'est élu ou si lors d'une réunion le président n'était pas présent à l'heure indiquée pour tenir le conseil, les administrateurs présents choisiront l'un d'entre eux pour président de la réunion.

68. Les administrateurs peuvent déléguer tels de leurs pouvoirs qu'ils voudront à des comités composés d'un ou de plusieurs membres du conseil. Tout comité ainsi formé se conformera, dans l'exercice des pouvoirs qui lui auront été ainsi délégués, aux règlements qui pourront lui avoir été imposés par le conseil.

69. Un comité a le droit d'élire un président pour ses réunions. S'il n'y avait pas de président élu, ou s'il ne se présentait pas à l'heure fixée pour la réunion, les membres présents choisiraient quelqu'un parmi eux pour présider.

70. Un comité peut se réunir et s'ajourner comme bon lui semble. Les questions soulevées pendant une réunion seront décidées à la majorité des voix des membres présents, et, en cas d'égalité de vote, le président aura droit à une voix de plus, c'est-à-dire à une voix prépondérante.

71. All acts done by any meeting of the directors, or of a committee of directors, or by any person acting as a director, shall, notwithstanding that it be afterwards discovered that there was some defect in the appointment of any such directors or persons acting as aforesaid, or that they or any of them were disqualified, be as valid as if every such person had been duly appointed and was qualified to be a director.

DIVIDENDS.

72. The directors may, with the sanction of the company in general meeting, declare a dividend to be paid to the members in proportion to their shares.

73. No dividend shall be payable except out of the profits arising from the business of the company.

74. The directors may, before recommending any dividend, set aside out of the profits of the company such sum as they think proper as a reserved fund to meet contingencies, or for equalising dividends, or for repairing or maintaining the works connected with the business of the company, or any part thereof; and the directors may invest the sum so set apart as a reserved fund upon such securities as they may select.

75. The directors may deduct from the dividends payable to any member all such sums of money as may be due from him to the company on account of calls or otherwise.

76. Notice of any dividend that may have been declared shall be given to each member in manner hereinafter mentioned; and all dividends unclaimed for three years,

71. Tout ce qui aura été fait par les administrateurs en conseil, ou par un comité d'administrateurs, ou par quelqu'un agissant comme administrateur, quand même il serait reconnu plus tard qu'il y avait eu nomination irrégulière desdits administrateurs ou de la personne agissant comme administrateur, ou même si la personne n'avait plus qualité pour agir, sera aussi valable que si toutes ces personnes avaient été dûment nommées et avaient eu qualité pour occuper le poste d'administrateurs.

DIVIDENDES.

72. Les administrateurs, avec la sanction de la compagnie en assemblée générale, peuvent déclarer un dividende à répartir entre les actionnaires au prorata de leurs actions.

73. Il ne sera payé aucun dividende, à moins qu'il n'ait été prélevé sur les bénéfices réalisés sur les opérations de la compagnie.

74. Les administrateurs peuvent, avant de proposer un dividende, mettre de côté sur les bénéfices de la compagnie la somme qu'ils jugeront convenable comme fonds de réserve pour faire face à l'imprévu, pour égaliser les dividendes, ou pour réparer ou maintenir en bon état les travaux ou une portion des travaux qui se rapportent aux affaires de la compagnie, et ils peuvent placer les fonds ainsi mis à part comme fonds de réserve sur les valeurs qu'ils choisissent.

75. Les administrateurs peuvent défalquer sur les dividendes payables à un membre toutes sommes d'argent qui pourraient être dues par celui-ci à la compagnie pour appels de fonds ou tout autre compte.

76. L'avis de tout dividende qui serait déclaré sera donné à chaque membre de la manière décrite ci après, et tous les dividendes non réclamés dans le délai de trois ans

after having been declared, may be forfeited by the directors for the benefit of the company.

77. No dividend shall bear interest as against the company.

ACCOUNTS.

78. The directors shall cause true accounts to be kept, —

Of the stock in trade of the company ;

Of the sums of money received and expended by the company, and the matter in respect of which such receipt and expenditure takes place; and,

Of the credits and liabilities of the company.

The books of account shall be kept at the registered office of the company, and, subject to any reasonable restrictions as to the time and manner of inspecting the same that may be imposed by the company in general meeting, shall be open to the inspection of the members during the hours of business.

79. Once at least in every year the directors shall lay before the company in general meeting a statement of the income and expenditure for the past year, made up to a date not more than three months before such meeting.

80. The statement so made shall show, arranged under the most convenient heads, the amount of gross income, distinguishing the several sources from which it has been derived, and the amount of gross expenditure, distinguishing the expense of the establishment, salaries, and other like matters : every item of expenditure fairly chargeable against the year's income shall be brought into account, so that a just balance of profit and loss may be laid before the meeting ; and in cases where any item of expenditure which may in fairness be distributed over se-

à partir de la déclaration qui en a été faite pourront être confisqués par le conseil d'administration au profit de la compagnie.

77. Aucun dividende ne portera intérêt au détriment de la compagnie.

COMPTES ET BILAN.

78. Les administrateurs feront tenir des comptes réguliers :

Du matériel et des effets ou marchandises appartenant à la compagnie ;

Des sommes reçues et dépensées par la compagnie, avec détail de ces recettes et dépenses ;

Et de l'actif et du passif de la compagnie.

Les livres de comptabilité seront tenus au siège social de la compagnie, et, sauf les restrictions justifiables que la compagnie, en assemblée générale, pourra raisonnablement imposer relativement aux heures d'examen des livres et à la manière de les examiner, ils pourront être inspectés par les membres pendant les heures d'affaires.

79. Une fois par an au moins, les administrateurs présenteront à la compagnie en assemblée générale l'état du revenu et des dépenses de la compagnie pendant l'exercice annuel écoulé et qui sera mis à jour à une date de trois mois au plus avant ladite assemblée.

80. L'état ainsi dressé présentera, sous les rubriques les plus convenables, le montant des recettes brutes en détaillant les provenances diverses et le montant des dépenses brutes avec détails des frais de premier établissement, des salaires et autres chapitres de ce genre. Chaque chapitre de dépenses qui peut être porté au passif de l'exercice de l'année y sera en compte de manière à bien établir le bilan de profits et pertes à soumettre à l'assemblée ; et s'il arrive que des dépenses qui peuvent avec justice être réparties sur plusieurs années ont été faites

veral years has been incurred in any one year the whole amount of such item shall be stated, with the addition of the reasons why only a portion of such expenditure is charged against the income of the year.

81. A balance-sheet shall be made out in every year, and laid before the company in general meeting, and such balance-sheet shall contain a summary of the property and liabilities of the company arranged under the heads appearing in the form annexed to this table, or as near thereto as circumstances admit. [See Model X, pages 202 et 203.]

82. A printed copy of such balance-sheet shall, seven days previously to such meeting, be served on every member in the manner in which notices are hereinafter directed to be served.

AUDIT.

83. Once at least in every year the accounts of the company shall be examined, and the correctness of the balance-sheet ascertained, by one or more auditor or auditors.

84. The first auditors shall be appointed by the directors : subsequent auditors shall be appointed by the company in general meeting.

85. If one auditor only is appointed, all the provisions herein contained relating to auditors shall apply to him.

86. The auditors may be members of the company ; but no person is eligible as an auditor who is interested otherwise than as a member in any transaction of the company ; and no director or other officer of the company is eligible during his continuance in office.

en une seule année, le montant total de ce chapitre de dépenses sera mentionné avec une note additionnelle expliquant pourquoi une partie seulement de ces dépenses a été portée au passif de l'exercice de l'année.

81. Un bilan sera dressé tous les ans et soumis à la compagnie en assemblée générale. Ce bilan contiendra un résumé de l'actif et du passif de la compagnie disposés sous des rubriques, d'après le modèle ci-annexé ou de la manière qui s'en rapproche le plus, suivant que les circonstances le permettront [voir modèle X, pages 202 et 203].

82. Un exemplaire imprimé de ce bilan sera envoyé à chaque membre sept jours avant l'assemblée, de la manière prescrite ci-après pour l'envoi des avis.

VÉRIFICATION DES COMPTES.

83. Une fois au moins, chaque année, les comptes de la compagnie seront vérifiés et l'exactitude du bilan constatée par un ou plusieurs censeurs.

84. Les premiers censeurs seront nommés par les administrateurs ; tous les autres le seront par la compagnie en assemblée générale.

85. S'il n'y a qu'un seul censeur, toutes les prévisions contenues dans ces articles relativement aux censeurs lui seront applicables.

86. Les censeurs peuvent être membres de la compagnie ; mais nul ne peut être élu censeur s'il est intéressé autrement qu'en qualité de membre dans les affaires de la compagnie, et aucun administrateur ou employé de la compagnie ne peut être nommé censeur pendant la durée de ses fonctions.

87. The election of auditors shall be made by the company at their ordinary meeting in each year.

88. The remuneration of the first auditors shall be fixed by the directors; that of subsequent auditors shall be fixed by the company in general meeting.

89. Any auditor shall be re-eligible on his quitting office.

90. If any casual vacancy occurs in the office of any auditor appointed by the company, the directors shall forthwith call an extraordinary general meeting for the purpose of supplying the same.

91. If no election of auditors is made in manner aforesaid the Board of Trade may, on the application of not less than five members of the company, appoint an auditor for the current year, and fix the remuneration to be paid to him by the company for his services.

92. Every auditor shall be supplied with a copy of the balance-sheet, and it shall be his duty to examine the same, with the accounts and vouchers relating thereto.

93. Every auditor shall have a list delivered to him of all books kept by the company, and shall at all reasonable times have access to the books and accounts of the company; he may, at the expense of the company, employ accountants or other persons to assist him in investigating such accounts, and he may, in relation to such accounts, examine the directors or any other officer of the company.

94. The auditors shall make a report to the members upon the balance-sheet and accounts, and in every such report they shall state whether, in their opinion, the balance-sheet is a full and fair balance-sheet, containing the particulars required by these regulations, and properly drawn up so as to exhibit a true and correct view of the state of the company's affairs, and in case they have

87. L'élection des censeurs sera faite par la compagnie lors de son assemblée générale ordinaire de chaque année.

88. La rémunération des premiers censeurs sera fixée par le conseil d'administration, et celle de leurs successeurs le sera par la compagnie en assemblée générale.

89. Tout censeur sera rééligible à l'expiration de son mandat.

90. S'il se produit par hasard une vacance d'emploi d'un censeur de la compagnie, les administrateurs convoqueront immédiatement une assemblée extraordinaire dans le but d'y pourvoir.

91. Si aucune élection de censeurs n'a eu lieu de la manière indiquée ci-dessus, le « Board of Trade » pourra, sur la demande de cinq au moins des membres de la compagnie, nommer un censeur pour l'année courante et fixer la rémunération qui lui sera payée par la compagnie pour ses services.

92. Chaque censeur devra recevoir un exemplaire du bilan et il sera de son devoir de l'examiner ainsi que les comptes et les pièces justificatives qui s'y rapportent.

93. Chaque censeur devra recevoir une liste de tous les livres tenus par la compagnie, et, en tout temps raisonnable, il aura accès aux livres et aux comptes de la compagnie ; il pourra, aux frais de la compagnie, employer des comptables ou toutes autres personnes pour l'aider dans la vérification de ces comptes et il pourra interroger les administrateurs ou tout autre employé de la compagnie en ce qui concerne ces comptes.

94. Les censeurs rédigeront un rapport adressé aux membres sur le bilan et sur les comptes, et, dans tout rapport de ce genre, ils déclareront si, d'après eux, le bilan est un bilan complet et juste, s'il contient les détails exigés par ces règlements et s'il est dûment dressé de façon à exposer un aperçu véritable et correct de la situation des affaires de la compagnie ; et, dans le cas où ils

called for explanations or information from the directors, whether such explanations or information have been given by the directors, and whether they have been satisfactory; and such report shall be read, together with the report of the directors, at the ordinary meeting.

NOTICES.

95. A notice may be served by the company upon any member either personally, or by sending it through the post in a prepaid letter addressed to such member at his registered place of abode.

96. All notices directed to be given to the members shall, with respect to any share to which persons are jointly entitled, be given to whichever of such persons is named first in the register of members; and notice so given shall be sufficient notice to all the holders of such share.

97. Any notice, if served by post, shall be deemed to have been served at the time when the letter containing the same would be delivered in the ordinary course of the post; and in proving such service it shall be sufficient to prove that the letter containing the notice was properly addressed and put into the post-office.

---

auraient demandé des explications ou des renseignements aux administrateurs, ils diront si ces explications et renseignements ont été donnés par les administrateurs et s'ils ont été satisfaisants ; et ce rapport sera lu, ainsi que le rapport des administrateurs, à l'assemblée générale ordinaire.

AVIS.

95. Tout avis signifié à un membre par la compagnie peut lui être donné personnellement, ou lui être envoyé par la poste dans une lettre affranchie adressée au domicile que ce membre a fait inscrire sur les livres de la compagnie.

96. Tous les avis destinés à être signifiés aux membres en ce qui se rapporte à une action à laquelle plusieurs personnes ont droit seront communiqués à celle de ces personnes, quelle qu'elle soit, dont le nom figure le premier sur le registre des membres, et tout avis ainsi signifié sera considéré comme un suffisant avis pour tous les propriétaires de cette action.

97. Tout avis envoyé par la poste sera censé avoir été délivré au moment où la lettre qui le contenait aurait dû être distribuée dans l'ordre ordinaire des choses, et, pour prouver la notification de l'avis, il suffira de justifier que la lettre contenant l'avis a été dûment adressée et mise à la poste.

III

TABLE OF FEES TO BE PAID TO THE REGISTRAR OF JOINT STOCK COMPANIES BY A COMPANY HAVING A CAPITAL DIVIDED INTO SHARES.

Fee on registration.

		£	s.	d.
With a capital of £	2,000......	£ 2	0	0
" "	3,000......	3	0	0
" "	4,000......	4	0	0
" "	5,000......	5	0	0

Five Shillings extra per £ 1,000 beyond £ 5,000.

		£	s.	d.
With a capital of £	6,000......	£ 5	5	0
" "	8,000......	5	15	0
" "	10,000......	6	5	0
" "	20,000......	8	15	0
" "	40,000......	13	15	0
" "	80,000......	23	15	0
" "	100,000......	28	15	0

One Shilling extra per £ 1,000 beyond £ 100,000.

		£	s.	d.
With a capital of £	120,000......	29	15	0
" "	160,000......	31	15	0
" "	200,000......	33	15	0
" "	400,000......	43	15	0
" "	500,000......	48	15	0
" "	525,000......	50	0	0

Fees payable on Increase of capital to be calculated as if forming part of the original capital, — but no fees payable on capital or increase of capital to exceed, together, in the whole £ 50.

In registering an Increase of capital a 5*s*. Fee is payable in addition to the above.

For registering any document (except the Memorandum of Association), or making a record of any fact, 5*s*.

III

ÉTAT DES DROITS A PAYER AU « REGISTRAR DES JOINT-STOCK COMPAGNIES » PAR TOUTE COMPAGNIE AYANT SON CAPITAL DIVISÉ EN ACTIONS.

Droit d'enregistrement.

Sur un capital de	50,000 fr. (1)..	50 fr.	»
»	»	75,000	75	»
»	»	100,000	100	»
»	»	125,000	125	»

6 fr. 25 de plus pour chaque somme de 25,000 francs au-dessus de 125,000 francs.

Sur un capital de	150,000 fr.....	131 fr.	25
»	»	200,000	143	75
»	»	250,000	156	25
»	»	500,000	218	75
»	»	1,000,000	343	75
»	»	2,000,000	593	75
»	»	2,500,000	718	75

1 fr. 25 de plus pour chaque somme de 25,000 francs au-dessus de 2,500,000 francs.

Sur un capital de	3,000,000 fr.....	743 fr.	75
»	»	4,000,000	793	75
»	»	5,000,000	843	75
»	»	10,000,000	1,093	75
»	»	12,500,000	1,218	75
»	»	13,125,000	1,250	»

Les droits payables sur l'augmentation du capital doivent être calculés comme si le capital ajouté faisait partie du capital primitif; toutefois une compagnie ne peut être tenue à payer, eu égard à son capital ou à l'augmentation de son capital, un droit supérieur à 1,250 francs.

En enregistrant une augmentation de capital on doit payer un timbre additionnel de 6 fr. 25.

Pour l'enregistrement de tout document autre que le Mémorandum d'Association ou pour la constatation de quoi que ce soit, le droit à acquitter est de 6 fr. 25.

(1) Dans cette Table et aussi à la Table VIII le taux de 25 fr. a été adopté comme la valeur de la livre sterling, sans considération du cours du change.

IV

EXTRAIT DES RÈGLEMENTS DU STOCK EXCHANGE (LA BOURSE DE LONDRES)

CONCERNANT LES « SPECIAL SETTLING DAYS » OU JOURS DE LIQUIDATION SPÉCIALE ET L'ADMISSION A LA COTE OFFICIELLE DES TITRES DES NOUVELLES COMPAGNIES.

JOUR DE LIQUIDATION SPÉCIALE.

Art. 129. — Le *Committee* pourra désigner un jour de liquidation spéciale pour les opérations sur les actions d'une nouvelle compagnie, pourvu qu'il n'ait été formulé aucune allégation de fraude, qu'on n'ait point présenté au public les faits sous un faux jour, ou qu'on n'ait point à dessein supprimé certains détails. Il faut aussi que la compagnie ait déjà un certain nombre de certificats d'actions ou d'actions dont elle puisse donner livraison immédiatement, et qu'aucun obstacle ne s'oppose au règlement des opérations.

DOCUMENTS EXIGÉS.

Art. 130. — Le secrétaire du *Share and loan department* donnera avis au Stock Exchange, huit jours à l'avance, de toute demande, en vue d'obtenir un jour de liquidation spéciale des opérations effectuées sur les actions d'une nouvelle compagnie.

Avant d'en faire part au Stock Exchange, il demandera la production des documents suivants :

Le prospectus ; les Articles d'Association ; les bulletins originaux des souscriptions d'actions ; le livre de répartition, signé par le président et le secrétaire de la compagnie et un certificat revêtu de la déclaration statutaire du président et du secrétaire, constatant le nombre d'actions souscrites et réparties sans condition, le montant des versements effectués, la déclaration que ces versements sont absolument exempts de toute saisie ou hypothèque, le « passbook » (le carnet) du banquier de la compagnie et un certificat du banquier indiquant le montant des versements encaissé.

COTE DES COURS DES ACTIONS D'UNE NOUVELLE COMPAGNIE.

Art. 131. — Le *Committee* peut admettre à la cote officielle toute nouvelle compagnie qui présentera les caractères de *bona fide*, et dont l'importance et la grandeur seront suffisantes pour justifier cette faveur. Il faudra qu'il ait été satisfait aux prescriptions de l'article 130, que le prospectus ait été l'objet d'une publicité dans les journaux, qu'il soit en tout conforme aux Articles d'Association, qu'il contienne le Mémorandum d'Association, qu'il ne fasse pas appel de moins de la moitié du capital nominal et du paiement de moins de 10 pour cent du capital souscrit ; il doit prévoir aussi l'éventualité de l'élévation du capital, soit en actions libérées soit en actions partiellement libérées seulement, avec indication du montant de chacune d'elles. Il doit aussi dire les sommes payées, ou à payer, en actions ou autrement, aux concessionnaires ou propriétaires, en représentation de leurs apports pour la formation de la compagnie, ou aux entrepreneurs des travaux à exécuter, et il doit enfin déclarer le nombre d'actions qu'on se propose de répartir conditionnellement.

En outre, les deux tiers de la totalité du capital nominal qu'on se propose d'émettre doivent avoir été souscrits et répartis sans condition (les actions réservées et remises aux concessionnaires ou propriétaires en paiement d'apports en titres au lieu d'espèces ne devront pas être considérées comme entrant dans la catégorie des titres répartis au public.

Une autre condition, c'est que les Articles d'Association interdisent aux directeurs d'employer les fonds de la compagnie pour racheter ses propres actions, et il est urgent que la compagnie fasse choix d'un membre du Stock Exchange auquel elle fournit tous renseignements sur la formation de l'entreprise, afin de le mettre en état de donner au *Committee* toutes les informations qui lui seront demandées.

Dans le cas où, au lieu d'être payés en espèces, les apports sont payés en actions libérées, il faut que cela soit constaté par un certificat officiel, disant que le contrat pour l'émission de ces titres a été enregistré au bureau des Joint Stock Companies, ainsi que le veut la 25e section de la loi de 1867 pour l'amendement de la législation des compagnies.

ACTIONS DE COMPAGNIES ÉTRANGÈRES.

A moins de circonstances tout à fait spéciales, les compagnies étrangères dont les actions n'ont été qu'en partie souscrites et réparties en Angleterre ne pourront être admises à la cote officielle qu'à la condition d'avoir leurs actions admises à la cote officielle de leur pays d'origine.

ÉMISSION D'ACTIONS DANS LES DOUZE MOIS QUI SUIVENT LE PREMIER JOUR DE LIQUIDATION.

Art. 132. — Toute compagnie émettant ou annonçant qu'elle émettra de nouvelles actions dans les douze mois qui suivront le premier jour de liquidation nommé par le *Committee*, s'exposera, à moins de circonstances spéciales, à être rayée de la cote officielle.

RECOMMANDATION AUX AGENTS DE CHANGE DE NOUVELLES COMPAGNIES.

Art. 133. — Le *Committee* met en garde d'une façon tout à fait spéciale les agents de change contre la tendance qu'ils pourraient avoir à donner la sanction de leur nom au lancement de nouvelles compagnies, sans s'être enquis mûrement du caractère de bonne foi des opérations qui sont l'objet de la compagnie et sans s'être donné pleine satisfaction sur l'honorabilité et la valeur personnelle des promoteurs, directeurs, concessionnaires et autres personnes quelconques qui ont des rapports directs ou indirects avec la compagnie.

Les membres du Stock Exchange qui ne tiendraient pas compte de ces recommandations, s'exposent à être traités comme l'exigera l'importance du cas qui peut surgir.

V

LOI

QUI AUTORISE LES JOINT-STOCK COMPANIES QUI FONT DES AFFAIRES DANS LES PAYS ÉTRANGERS A Y AVOIR LEUR SCEAU OFFICIEL ET A S'Y EN SERVIR.

(13 mai 1864, 27e année du règne de la Reine Victoria.)

Considérant qu'il y a eu, et qu'il peut y avoir encore dans le Royaume-Uni, des compagnies qui font des affaires dans les pays étrangers, et qu'il convient et est désirable que ces compagnies puissent se livrer dans ces pays à leurs opérations de placements, d'hypothèques, de transferts, de baux, et qu'elles puissent prendre des engagements ou passer des contrats en leur nom, l'ordonnance suivante est promulguée :

1. Le titre de la présente loi pourra en toute occasion être cité sous le nom de : Loi relative au Sceau des Compagnies, 1864 (*the Companies Seals Act 1864*).

2. Toute compagnie régie par la loi de 1862 sur les compagnies et qui a pour objet de faire des affaires à l'étranger, comme cela a été dit plus haut, peut faire faire un sceau officiel dont elle se servira en tout endroit, district ou territoire hors du Royaume-Uni, où elle fait des affaires. Ce sceau officiel sera un fac-simile ou autant que possible un fac-simile du sceau ordinaire de la compagnie, avec cette exception que le nom de chaque endroit, district ou territoire où on doit s'en servir, y sera gravé. La compagnie pourra, quand elle le trouvera nécessaire, rem-

placer son sceau ou ses sceaux, et changer la délimitation des pays où elle se propose de s'en servir.

3. Toute compagnie, qui a et emploie un sceau officiel dans les conditions stipulées par la présente loi, pourra, quand elle le jugera utile, par actes écrits et revêtus du sceau ordinaire de la compagnie, donner pouvoir à tout agent ou à tous agents, spécialement désignés à cet effet, ou à tout agent local, conseil d'administration, comité, administrateur ou commissaire délégué d'après les clauses de ses Articles d'Association, dans tout endroit, district ou territoire hors du Royaume-Uni où la compagnie se trouvera faire des affaires, d'apposer ce sceau officiel sur tous documents, contrats ou actes quelconques où la compagnie figurera comme partie, et cela dans n'importe quel endroit, district ou territoire et sans qu'il soit besoin d'aucun ordre de la compagnie ou du conseil d'administration de la compagnie pour autoriser l'apposition de ce sceau sur les documents, contrats ou autres actes.

4. Tout pouvoir délégué en conformité de l'article précédent devra continuer à être en vigueur entre la compagnie, ses successeurs ou ses délégués d'une part, et la personne ou les personnes passant un contrat avec l'agent ou les agents, le conseil d'administration, administrateur, commissaire dénommé dans le document conférant le pouvoir, et toute autre partie agissant au nom ou par ordre de toute personne quelconque fondée de pouvoir, d'autre part, pendant toute la période stipulée dans le document conférant le pouvoir ; ou s'il n'est fait aucune mention du pouvoir, jusqu'à ce qu'il soit donné notification de la révocation ou de l'expiration du pouvoir donné aux personnes citées plus haut.

5. Toutes les fois que ce sceau officiel sera apposé sur un document, la personne qui s'en servira devra, de sa propre main, sur le document où elle appose le sceau, ajouter la date et mentionner le nom du pays où le sceau aura été apposé, et tout document dûment revêtu de ce sceau, dans tout district, territoire ou endroit dont le nom sera

inscrit sur ledit sceau, engagera la responsabilité de la compagnie, de la même façon, et tout autant, et aura même force, même effet que s'il avait été revêtu du sceau ordinaire de la compagnie.

6. Les pouvoirs conférés par la présente loi devront être exercés seulement par les compagnies spécialement autorisées à les exercer par leurs Articles d'Association ou par une résolution spéciale, passée en conformité des clauses de la loi de 1862 sur les compagnies, et devra être exercée par lesdites compagnies, à condition qu'ils soient conformes aux instructions ou restrictions contenues dans leurs Articles d'Association ou leurs résolutions spéciales.

7. Rien, dans la présente loi, ne peut être interprété comme rappelant les dispositions de la 57e section de la loi de 1862 sur les compagnies, ladite section continuant à avoir force de loi ; et tout ce qui sera fait en vertu des dispositions de cette section, sera aussi valide et aura autant d'effet, que si la présente loi n'avait pas été promulguée.

VI

LOI

AUTORISANT LES COMPAGNIES ENREGISTRÉES SOUS LE RÉGIME DE LA LOI DE 1862 SUR LES COMPAGNIES A TENIR DES REGISTRES LOCAUX DE LEURS MEMBRES DANS LES COLONIES BRITANNIQUES.

(Ch. 30. — 20 août 1883.)

Considérant que beaucoup de compagnies, enregistrées sous le régime de la loi de 1862 sur les compagnies, font des affaires dans les colonies britanniques où leurs actions donnent lieu à de fréquentes négociations, mais que, faute de mesures légales autorisant la tenue de registres locaux des membres des compagnies, il se produit des retards, des embarras et des dépenses, il a été jugé utile que la présente loi contienne les stipulations suivantes pour remplir cette lacune :

I. La présente loi s'appellera la loi des Registres Coloniaux de 1883 (Colonial Registers Act. 1883).

II. Dans le texte de cette loi, « Compagnie » signifie une Compagnie enregistrée sous le régime de la loi de 1862 et dont le capital est divisé en actions : le terme « action » s'applique également aux actions et au « Stock ». Par « Colonie » on doit entendre tout pays hors du Royaume-Uni, de l'île de Man ou des îles de la Manche, qui est dans les Domaines de Sa Majesté.

III. (1) Toute compagnie qui, dans les opérations qu'elle a pour objet de faire, comprend celles qu'elle peut faire dans une colonie, peut, si elle y est autorisée par ses règlements tels qu'ils étaient primitivement ou tels qu'ils ont été modifiés par résolution spéciale, avoir dans les colonies où elle fait des affaires, un registre ou des registres de succursale des membres résidents d'une colonie.

(2) La compagnie devra donner au Registrar du bureau d'enregistrement des *Joint Stock Companies*, avis de l'endroit où est tenu chacun de ces registres de succursale (dénommés dans la loi, Registres Coloniaux), ainsi que de chaque changement qui pourrait se produire et aussi l'informer que le bureau où il est tenu a été supprimé, s'il arrive que la Compagnie le supprime.

(3) Un Registre Colonial, en ce qui touche les renseignements qu'il contient, doit être considéré comme partie du registre des membres de la Compagnie, et sera considéré comme faisant foi *prima facie* pour tous les renseignements qui y sont consignés. Tout registre de ce genre devra être tenu d'après les stipulations des lois de 1862 à 1880 sur les compagnies, à la condition que l'annonce men-

tionnée dans la section 33 de la loi de 1862 sur les compagnies sera insérée dans un journal publié dans le district où le susdit registre est tenu, et que tout tribunal compétent dans la colonie où ce registre est tenu, aura le droit d'exercer la même juridiction pour le vérifier, tout comme, d'après la section 35 de la loi de 1862 sur les compagnies, l'ont pour tout registre en Angleterre et en Irlande, les Hautes Cours Royales de Justice et d'Équité ; et toute infraction à la section 32 de la loi de 1862 sur les compagnies pourra donner lieu à des poursuites sommaires devant tout tribunal de la colonie où est tenu ce registre, et dans les attributions duquel est la compétence en matière de juridiction criminelle sommaire.

(4) La compagnie devra transmettre à son siège social copie de chaque entrée dans son registre colonial ou dans ses registres, immédiatement après que chaque entrée sera faite, et elle tiendra en double à son siège social un registre toujours au courant des entrées de son registre ou de ses registres de succursales. Les clauses de la section 32 de la loi de 1862 sur les compagnies seront applicables à chacun de ces registres en double, et chacun d'eux dans toute l'étendue de l'interprétation des lois de 1862 à 1880 sur les compagnies devra être considéré comme faisant partie du registre même des membres de la compagnie.

(5) Conformément aux stipulations de cette loi en ce qui regarde le registre en double, les actions nominatives entrées au registre colonial devront être distinctes de celles qui sont entrées au registre principal et aucune transaction sur des actions entrées dans un registre colonial ne pourra être entrée dans un registre autre que celui-là, tant que ces actions continueront à figurer sur ce registre.

(6) La compagnie pourra cesser de tenir tel registre colonial qu'il lui conviendra et dans ce cas, toutes les entrées de ce registre devront être passées sur un autre registre colonial tenu par la compagnie, dans cette même colonie ou sur le registre des membres qui est tenu à son siège social.

(7) En ce qui touche les droits de timbre et autres droits, il devra être tenu compte des stipulations suivantes :

(*a*) Un acte de transfert d'une action entrée dans un registre colonial, en vertu de la présente loi, sera considéré comme un transfert de propriété située hors du Royaume-Uni, et à moins qu'il ne s'effectue sur un point quelconque du Royaume-Uni, il sera exempt de tout droit de timbre anglais.

(*b*) A la mort du membre dont le nom est entré dans un registre colonial, conformément aux prescriptions de la présente loi, l'action ou la part d'intérêt du membre décédé sera considérée, dans toute l'acceptation du sens de cette loi en ce qui a trait aux droits fiscaux anglais, comme faisant partie de ce qu'il possède dans le Royaume-Uni et sera l'objet de lettres d'administration et d'un inventaire tout comme si elle avait été entrée au registre des membres au siège social de la compagnie.

(8) A condition que les prescriptions de la présente loi soient observées, toute compagnie peut, conformément à ses statuts primitifs ou aux changements qu'y ont introduits des résolutions spéciales, prendre tel ou tel arrangement qui lui conviendra, pour la façon dont elle voudra que les registres coloniaux soient tenus.

Form VII

FORM OF TRANSFER OF SHARES

CONTAINED IN CLAUSE 9 OF TABLE A ANNEXED TO THE ACT OF 1862.

(See pages 64 et 148.)

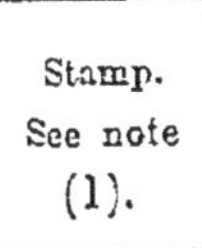

I *A. B.*, of....., in consideration of the sum of ..... pounds paid to me by *C. D.* of ....., do hereby transfer to the said *C. D.* the share [*or* shares] numbered ..... standing in my name in the books of the ..... Company, to hold unto the said *C. D.*, his executors, administrators, and assigns, subject to the several conditions on which I held the same at the time of the execution hereof; and I the said *C. D.* do hereby agree to take the said share [*or* shares] subject to the same conditions. As witness our hands the ..... day of ..... 188 .

Signed by the above named *A. B.* in the presence of..... (2). (Signature of *A. B.*)

Signed by the above named *C. D.* in the presence of..... (2). (Signature of *C. D.*)

(1) The proper stamp, dependent on the sum paid, will be found on referring to table VIII, page 198, of this appendix.
(2) Each witness must here sign his name, adding his address and occupation.

FORMULE VII

FORMULE D'UN TRANSFERT D'ACTIONS

TEL QU'IL EST EXIGÉ PAR LA CLAUSE 9 DE LA TABLE A ANNEXÉE A LA LOI DE 1862.

(Voir pages 64 et 149.)

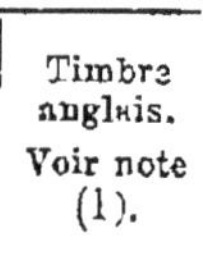

Moi, A. B., demeurant à..... vu le paiement de la somme de..... livres sterling, qui m'a été fait par C. D., demeurant à....., je transfère par le présent acte audit C. D., l'action n°..... (*ou les actions*) inscrite en mon nom sur les livres de la Compagnie..... pour ledit C. D., ses exécuteurs testamentaires, administrateurs et ayants droit en s'assujettissant aux diverses conditions auxquelles je suis moi-même assujetti au moment où le présent acte est passé, et moi, ledit C. D., je consens. par cet acte, à prendre ladite action (*ou lesdites actions*) aux mêmes conditions. En foi de quoi, nos signatures, ce..... 188 .

Signé par ledit A. B. (Signature de A. B.)
en présence de..... (2).

Signé par ledit C. D. (Signature de C. D.)
en présence de..... (2).

(1) On trouvera à la table VIII, page 198 de cet appendice, le tarif du timbre à payer suivant la somme payée par l'acheteur.

(2) Chaque témoin doit signer ici son nom et indiquer son adresse et sa profession.

TABLE VIII

DROITS DE TIMBRE A PAYER SUR LES TRANSFERTS D'ACTIONS, — LES LETTRES DE RÉPARTITION, — SHARE WARRANTS — ET OBLIGATIONS OU BONDS.

Transferts d'actions.

Droit sur les transferts.						LE DROIT EST :			
Si le montant payé n'excède pas			....	£ 5	Fr. 125....	£ 0	s. 0	d. 6	Fr. 0 60
Si le montant excède	£ 5	Fr. 125	mais n'excède pas	10	250....	0	1	0	1 25
—	10	250	—	15	375....	0	1	6	1 62
—	15	375	—	20	500....	0	2	0	2 50
—	20	500	—	25	625....	0	2	6	3 12
—	25	625	—	50	1,250....	0	5	0	6 25
—	50	1.250	—	75	1,875....	0	7	6	9 37
—	75	1.875	—	100	2,500....	0	10	0	12 50
—	100	2.500	—	125	3,125....	0	12	6	15 72
—	125	3.125	—	150	3,750....	0	15	0	18 75
—	150	3.750	—	175	4,375....	0	17	6	21 87
—	175	4.375	—	200	5,000....	1	0	0	25 00
—	200	5.000	—	225	5,625....	1	2	6	28 12
—	225	5.625	—	250	6,250....	1	5	0	31 25
—	250	6.250	—	275	6,875....	1	7	6	34 37
—	275	6.875	—	300	7,500....	1	10	0	37 50
Pour chaque £ 50, c'est-à-dire 1,250 fr. en plus, et aussi pour chaque fraction en plus de £ 50						0	5	0	6 25

(La suite page 199.)

Table VIII (*suite*)

Lettres de répartition.

Sur chaque lettre ou avis de répartition le droit de timbre est de............................... d. 1 Frs. 0 10

SHARE WARRANTS

DROITS A PAYER SUR LES SHARE WARRANTS.

(Voir page 70.)

La loi de 1867 sur les Compagnies ordonne que les Share Warrants soient munis d'un timbre d'une valeur trois fois égale au montant du timbre qu'on aurait dû apposer sur le transfert de l'action, ou de plusieurs actions ou Stock, spécifié sur le Share Warrant, calculées à leur valeur nominale. L'émission d'un Share Warrant, non revêtu de son timbre, rend passible d'une amende de £ 50.

OBLIGATIONS OU BONDS

DROITS A PAYER SUR LES OBLIGATIONS OU BONDS.

	£	s.	d.	Frs.	
Sur les obligations représentant la principale garantie du paiement ou du remboursement d'une somme d'argent qui ne dépasse pas £ 25, le timbre à payer est de.........................	0	0	8	»	85
Sur les sommes de £ 25 à £ 50.	»	1	3	1	50
— de 50 à 100.	»	2	6	3	»
— de 100 à 150.	»	3	9	4	50
— de 150 à 200.	»	5	0	6	»
— de 200 à 250.	»	6	3	7	50
— de 250 à 300.	»	7	6	9	»
Au-dessus de £ 300, par £ 100, et aussi par fraction de £ 100	»	2	6	3	00

Form IX

FORM OF PROXY

BY A SHAREHOLDER TO ANOTHER TO REPRESENT HIM AT A GENERAL MEETING

(See pages 88 et 89.)

The , Company, Limited.

Stamp 1 penny.

I, A. B., of in the county of being a member of The Company, Limited, and entitled to votes, hereby appoint C. D., of (1) as my proxy to vote for me and on my behalf at the [ordinary or extraordinary, as the case may be] General Meeting of the Company to be holden on the day of and at any adjournment thereof [(2) or at any General Meeting of the Company that may be held within twelve calendar months from the date hereof].

As witness my hand this day of 188 .

Signed by the said (Signature.)
en the presence of

(1) If it be desired to appoint more than one Proxy in case of absence of the first person or persons named here insert the words « or failing him » followed by the names of one or more other Shareholders.

(2) If these words romain in, the Stamp affixed must be of the value of ten Shillings instead of one penny.

FORMULE IX

FORMULE D'UNE PROCURATION

DONNÉE PAR UN MEMBRE A UN AUTRE POUR LE REPRÉSENTER DANS UNE ASSEMBLÉE GÉNÉRALE.

(Voir pages 88 et 89.)

The , Company Limited.

Timbre anglais d'un penny.

Moi, A. B., de..... dans le comté de....., membre de la Compagnie..... (limited) ayant droit à..... voix, je constitue par le présent acte C. D.,... de..... (1) comme mon mandataire, pour voter pour moi et en mon nom à l'assemblée générale (ordinaire ou extraordinaire) de la compagnie qui se tiendra le..... et à toute époque à laquelle ladite assemblée sera ajournée (2) (ou à toute assemblée qui pourra se tenir pendant l'année).

En foi de quoi j'ai signé, ce 188.

Signé par ledit (Signature.)
en présence de

(1) On peut insérer ici les mots « ou à son défaut » suivis par les noms d'un ou deux autres actionnaires et chacun d'eux peut au besoin agir comme mandataire.

(2) Si on désire que la procuration soit valable pendant douze mois il faut qu'un timbre de dix shillings et non point d'un penny soit apposé.

Modèle X

Doit. *Bilan de* *Compagn*

CAPITAL ET EXIGIBILITÉS.			L. S. D.
I. Capital.		Montrant :	
	1	Le nombre d'actions	
	2	Le montant payé par action............	
	3	S'il y a des arriérés d'appels de fonds ; leur nature et les noms des personnes qui n'ont pas effectué les versements.	
	4	Le nombre des actions frappées de déchéance	
II. Dettes et exigibilités de la Compagnie.		Montrant :	
	5	Le montant des emprunts sur hypothèque ou obligations hypothécaires..	
	6	Le montant des dettes de la Compagnie, distinguant :	
		a. Les dettes pour lesquelles elle a donné ses acceptations............	
		b. Les créances de commerçants pour fourniture de matériel, marchandises ou autres articles...........	
		c. Les dettes encourues pour frais judiciaires.........................	
		d. Les dettes pour intérêts sur obligations ou autres emprunts........	
		e. Les dividendes non réclamés.....	
		f. Les dettes non énumérées ci-dessus.	
VI. Fonds de réserve.		Montrant :	
		Le montant mis de côté sur les profits pour faire face à l'imprévu	
VII. Profits et pertes.		Montrant :	
		Le solde disponible pour paiement de dividende, etc.....................	
Exigibilités casuelles.		Les réclamations contre la Compagnie non reconnues comme dettes........	
		Les sommes pour lesquelles la Compagnie peut être fortuitement responsable	

Modèle X

rêté le *188* . **Avoir.**

PROPRIÉTÉ ET ACTIF.				
			L. S. D.	L. S. D.
ropriétés le la pagnie.		Montrant :		
	7	Les immeubles, distinguant :		
		a. La propriété en biens-fonds de franc alleu ou terre franche.......		
		b. La propriété en franc alleu de bâtiments........................		
		c. Les propriétés tenues par bail ou emphythéose..................		
	8	Les propriétés mobilières, distinguant :		
		d. Les marchandises disponibles		
		e. Le matériel roulant............		
réances le la pagnie.		Montrant :		
	9	Les créances considérées comme réalisables, pour lesquelles la Compagnie détient des titres ou d'autres garanties............................		
	10	Les créances considérées comme réalisables pour lesquelles il n'y a pas de garanties		
	11	Les créances considérées comme douteuses et mauvaises................		
		(S'il y a une créance sur un administrateur ou sur un autre employé de la Compagnie, elle doit être inscrite séparément.)		
gent en isse ements.		Montrant :		
		La nature des placements et le taux d'intérêt		
		Le montant des sommes avec indication de l'endroit où elles sont déposées, et des intérêts qu'elles produisent......		

FORMULE XI

FORM E, AS REQUIRED BY THE SECOND PART OF THE ACT OF 1862, SEC : 26.

SUMMARY of CAPITAL and SHARES of the COMPANY, made up to the day of 188 .

Nominal capital £ divided into shares of £ each.
Number of shares taken up to the day of 188 .
There has been called up on each share £ .
Total amount of calls received £ .
Total amount of calls unpaid £ .

LIST *of persons holding Shares in the Company, Limited, on the day of , and of persons who have held shares therein at any time during the year immediately preceding the said day of , showing their names and addresses, and an account of their shares so held :*

Folio in Register Ledger containing particulars.	Name, Address, and Occupation.				Account of Shares.					Remarks.
					Shares held by existing members on the .... day of	Additional Shares held by existing members during the preceding year.		Shares held by persons no longer members.		
	Surname.	Christian Name.	Address.	Occupation.		Number.	Date of transfer.	Number.	Date of transfer.	

FORMULE XI

SOMMAIRE du CAPITAL et des ACTIONS de la COMPAGNIE, dressé le 188 .

Capital nominal £ , divisé en actions de £ chacune.
Nombre d'actions souscrites jusqu'au jour de 188 .
Montant de l'appel fait sur chacune de ces actions, £ .
Montant total encaissé sur les appels de fonds, £ .
Montant total impayé sur les appels de fonds, £

LISTE *des porteurs d'actions de la Compagnie , à la date du 188 , et des détenteurs d'actions dans le courant de l'année précédant immédiatement ledit jour, avec indication de leurs noms et adresses, et des actions ainsi détenues :*

Folio du Registre-Journal contenant les indications détaillées.	Noms, Adresses et Professions.				Comptes d'Actions.					Observations.
	Noms.	Prénoms.	Adresses.	Professions.	Actions détenues par les membres actuels à la date du	Actions additionnelles détenues par les membres existant pendant l'année précédente.		Actions détenues par les personnes qui ne sont plus membres de la Compagnie.		
						Nombre.	Date de transfert.	Nombre.	Date de transfert.	

ERRATA

Page 53, ligne 9, au lieu de : *des*, mettez : *de certaines*.
Page 63, ligne 5, au lieu de : *de graves*, mettez : *certaines*.
Page 64, ligne 24, supprimer : *de saisir ou*.
Page 82, ligne 17, au lieu de : *les*, mettez : *des*.
Page 105, ligne 9, au lieu de : XIII, mettez : VIII.
Page 127, ligne 19, au lieu de : *de la*, mettez : *d'une*.

TABLE ALPHABÉTIQUE DES MATIÈRES

ET GLOSSAIRE

BOARD OF TRADE.

Cette expression désigne dans l'ensemble de leurs capacités et de leurs fonctions les fonctionnaires du Département ou Bureau du Gouvernement qui, entre autres attributions, ont chargé du contrôle des chemins de fer, de la Marine marchande et des marins, des ports, des pêcheries et des Compagnies; et qui ont des pouvoirs spéciaux, si on s'adresse à eux, pour nommer des comptables ou des experts chargés d'examiner les affaires des Compagnies par actions à responsabilité limitée, 27, 96, 104.

BOND. — OBLIGATION.

BOURSE DE LONDRES. — THE STOCK EXCHANGE.

Règles au sujet du prospectus, 37.

Démarches nécessaires pour demander une cote officielle, 43.

Règlements pour demander un jour spécial et une cote officielle, 186.

BOOKS. — LIVRES.

(Voir Registres et Livres.)

BROKERS; STOCK-BROKERS.

Agents de change.

BULLETIN DE SOUSCRIPTION.

(Voir Application for Shares.)

BUREAU D'ENREGISTREMENT OFFICIEL.

(Voir Register et Registrar.)

Bureaux différents pour l'Angleterre, pour l'Ecosse et pour l'Irlande, 21.

On peut y consulter les dossiers des compagnies, 22.

CALLS. — APPELS DE FONDS.

(Voir appels de fonds.)

CHIEF CLERK.

Il n'existe point en France de fonctions judiciaires semblables à celles du Chief Clerk, qui est une sorte de « substitut » du Juge, et qui a, dans le ressort de ses attributions, une foule de questions d'intérêt secondaire sur lesquelles il peut donner sa décision, mais dont les parties intéressées peuvent appeler en s'adressant au Juge, 119, 123.

COMPANY. — JOINT STOCK COMPANY.

Une « *Joint Stock Company* » est une association, composée de sept personnes au moins, qui se réunissent dans le but d'entreprendre une affaire commerciale, industrielle ou financière avec un capital commun, divisé en actions transférables. Les actionnaires participent aux profits proportionnellement au nombre de titres qu'ils ont.

L'administration d'une Compagnie de ce genre est confiée à certains de ses membres qu'on nomme administrateurs et est sujette au contrôle des actionnaires.

(Voir Joint Stock Companies.)

COMPTABILITÉ. — ACCOUNTS.

Système de comptabilité, 102.
Vérification par Censeurs, 103.
(Voir Audit. — Censeurs.)

CONSEIL D'ADMINISTRATION.

(Voir Administrateurs. — Administration. — Council.)

CONSTITUTION D'UNE COMPAGNIE.

(Voir Incorporation.)

CONTRACTS. — CONTRATS. — MARCHÉS.

Contrat préliminaire, 12.
Son adoption par la compagnie, 41.
Nécessité de spécifier tous contrats dans le prospectus, 15.
Contrats avec une Compagnie, 49.

SEAL COMMON et SEAL FOREIGN.
Le « Common Seal » est le sceau de la compagnie dont elle fait usage à son siège social en Angle-

anglaise, et il remplit beaucoup de fonctions qui, en France, sont le privilège du Notaire.

C'est le Solicitor qui est le conseiller des familles, qui rédige les testaments, les contrats de mariage, et autres contrats, accords, arrangements et actes quelconques. C'est lui, enfin, qui, en matière de Joint Stock Companies, rédige le Mémorandum et les Articles d'Association et qui donne son opinion au point de vue de la loi sur les points importants du Prospectus ; il prépare et présente les Pétitions et les affidavits, c'est, enfin, à lui qu'ont recours le Conseil d'administration et toutes personnes quelconques sur toutes les questions légales.

SOMMAIRE.

(Voir Summary.)

STANNARIES.

(Court of). De *Stannum-Etain*. Le mot « Stannaries » s'applique aux districts de Devon et de Cornwall dans l'ouest de l'Angleterre où se trouvent des mines d'étain. Les compagnies établies pour exploiter ces mines sont, d'après d'anciennes coutumes, placées sous la juridiction d'une cour locale, qui porte le nom de Cour de Stannaries et par devant laquelle comparaissent et se font enregistrer, juger et mettre en liquidation toutes ces compagnies, 21.

STATUTS.

(Voir Articles d'Association.)

STOCK. — CAPITAL CONSOLIDÉ.

Ce mot quand on l'emploie pour désigner « Capital » semble ne pas avoir d'équivalent en français, mais peut être traduit « capital consolidé ».

Conversion des actions libérées en « stock », 72.

STOCK EXCHANGE. — LA BOURSE DE LONDRES.

Règles eu égard au prospectus, 37.

en représentation d'une partie du prix de ses apports, 101.

VOLUNTARY LIQUIDATION. — LIQUIDATION VOLONTAIRE.
(Voir Liquidation.)

VOTE.
Droit de voter à une assemblée générale et manière de voter en personne, 86.
Par procuration, 88.
Formule d'une procuration, 201.

WAGES ET SALARIES. — APPOINTEMENTS OU SALAIRES.
Privilèges en faveur des employés, 124.

WARRANT. — SHARE WARRANT TO BEARER.
Un certificat témoignant que le porteur a droit à telle action libérée ou tel nombre d'actions libérées, ou à tel montant de « Stock », 70, 71.

WINDING UP. — LIQUIDATION DES AFFAIRES D'UNE COMPAGNIE.
(Voir Liquidation.)

VERSAILLES, IMPRIMERIE CERF ET FILS, RUE DUPLESSIS, 59.

www.ingramcontent.com/pod-product-compliance
Ingram Content Group UK Ltd.
Pitfield, Milton Keynes, MK11 3LW, UK
UKHW012025240726
13965UKWH00002B/571

9 782012 959446